谈美书简

朱光潜◎著　　李晨森◎编

煤炭工业出版社

·北　京·

1 名师伴你读
帮助学生了解文章内容，提高阅读兴趣。

2 名师精批
分析词句，引导学生深入理解文章含义。

3 好句积累
文中精彩句子收集，以便写作借鉴。

五、艺术是一种生产劳动

名师伴你读

在文艺活动中，不管是创作还是欣赏，都同样离不开人的活动。艺术和美并不是起源于某个概念，而是起源于劳动生产，起源于日常生活中极其平凡甚至卑微的事物。

读书笔记

阐释
照朱先生的理解，马克思主义唯物史观最基本的观点是认识来源于实践。

朋友们：

前两信收尾时曾谈到马克思的辩证唯物主义彻底解决了人与自然、主体与客体、心与物这些对立面的统一，现在就单从艺术方面来看这种辩证统一是如何通过劳动来实现的。艺术是一种生产劳动，是精神方面的生产劳动，其实精神生产与物质生产是一致的，而且是互相依存的。我们的根据主要是马克思的《经济学—哲学手稿》《资本论》第一卷里关于“劳动”和恩格斯的《自然辩证法》中关于“从猿到人”的论述。

在《经济学—哲学手稿》里，马克思要论证人类何以必然要废除资本主义社会的私有制，才能达到共产主义。他是从劳动者及其劳动来看这个问题的。在私有制之下，一切财富都是由劳动者生产出来的，而劳动者却不但被剥夺去他的生产资料、生活资料和劳动产品，而且还被剥夺去他作为社会人的“本质力量”或固有才能，沦为机器零件，沦为商品，过着非人的生活。马克思把这种情况叫作“异化”。要彻底废除私有

阅读新方法

全新的阅读方式，让学生阅读更方便，在有限的时间里阅读到更多的东西，充分享受读书带来的乐趣。名师精评精讲，采取层层深入的方法，逐步解析阅读内容，有助于提高学生的阅读能力。

拓展阅读

名师点拨

文学是用语言为媒介，而语言中的文字却只是代表观念的一种符号，本身并无意义。语言这种媒介不是感性的而是观念性，也就是说，语言要通过符号（字音和字形）间接引起事物的观念。文学作为语言艺术在艺术门类中占有独特的地位，“文学实际上就是语言学”。

回味思考

1.在朱先生看来为什么要打好语文基本功呢？

2.在朱先生看来应该如何学习语文呢？

3.鲁迅、歌德为什么都建议青年作家应该从写短小精悍的作品开始？你是如何看待的呢？

好词收藏

藕断丝连　寥寥可数　妄自菲薄　高不可攀　字斟句酌

好句积累

◔ 一切艺术都要有一个创造主体和一个创造对象，因此，它就既要有人的条件，又要有物的条件。

◔ 有些人话说得好些，有些人话说得差些，话说得好就会如实地达意，使听者感到舒适，发生美感，这样的说话就成了艺术。

◔ 从我读到的青年文学家作品看，特别是从诸位向我表示决心要研究美学的许多来信看，多数人的语文基本功离理想还有些距离，用字不妥，行文不顺，生硬拖沓，空话连篇，几乎是常见的毛病。

4 名师点拨

分析文章的深层含义，让学生掌握重点。

5 回味思考

提出针对性问题，让“读”与“想”紧密结合。

6 好词收藏

收集精彩词语，丰富写作知识，让写作得心应手。

作品导读

作者简介

朱光潜是中国美学家。字孟实，安徽桐城人（今枞阳县麒麟镇岱鳌村朱家老屋人）。青年时期在桐城中学、武昌高等师范学校学习，后毕业于香港大学文学院。1925年出国留学，先后肄业于英国爱丁堡大学、伦敦大学，法国巴黎大学、斯塔斯堡大学，获文学硕士、博士学位。1933年回国，先后在国立北京大学、国立四川大学、国立武汉大学任教，并任中华全国美学学会名誉会长。朱光潜主要编著有《文艺心理学》《悲剧心理学》《谈美》《诗论》《谈文学》《克罗齐哲学述评》《西方美学史》《美学批判论文集》《谈美书简》《美学拾穗集》等，并翻译了《歌德谈话录》、柏拉图的《文艺对话集》、G. E. 莱辛的《拉奥孔》、G. W. F. 黑格尔的《美学》、B. 克罗齐的《美学》、G. B. 维柯的《新科学》等。朱光潜是我国现代美学的开拓者和奠基者之一，也是第一个在中国广泛介绍西方美学的人。

朱光潜学贯中西，博古通今。他以自己深湛的研究沟通了西方美学和中国传统美学，沟通了旧的唯心主义美学和马克思主义美学，沟通了"五四"以来中国现代美学和当代美学。他是中国美学史上一座横跨古今、沟通中外的"桥梁"，是我国现当代最负盛名并赢得崇高国际声誉的美学大师。

内容提要

《谈美书简》是中国现代美学家朱光潜在八十二岁高龄的情况下写就的"暮年心血"之作，它既是对自己漫长美学生涯和美学思想的一次回顾和整理，也是“给来信未复的朋友们”，尤其是青年朋友们的一次回复。《谈美书简》不是一般的高头讲章，它采用书信体的形式，娓娓道来，亲切自然，将许多深奥的美学知识通俗化。全书由十三封书信结集而成，书中，朱光潜先生就青年朋友们普遍关心的美和美感、美的规律、美的范畴等一系列美学问题进行了深入的探讨，同时也对文学的审美特征、文学的创作规律及特点作了详尽的阐释，既是思想上的，又是方法上的，是初涉美学者学习美学知识的重要参考书籍。

作品评价

很难想象，《谈美书简》竟然是出自一位八十二岁高龄的老人之笔。朱老是一个美学大家，可文笔细腻到写这种小小书让人感到很是意外。朱老可以说是晚年汇聚了一生的心血写成了这一本经典之作。在《谈美书简》中，朱老以亲身的经验，回顾了自己的美学生涯和自己独特的思想，也是给所有来信没有得到回复的朋友的一次集体回复，而且谈到了许多治学为人的道理。这是一本对于美学方面感兴趣的朋友们很需要的参考书。在《谈美书简》中，朱先生以亲身的经验，谈到了许多治学为人的道理。对于怎样开展学术工作，他教导说：“我们干的是科学工作，是一项必须实事求是，玩弄不得一点虚假的艰苦工作，既要有清醒的头脑和坚定的恒心，也要有排除一切阻碍和干扰的勇气……是敷敷衍衍、蝇营狗苟地混过一生呢？还是下定决心，做一点有益于人类文化的工作呢？立志要研究任何一门科学的人首先都要端正人生态度，认清方向，要‘做老实人，说老实话，办老实事’。”

作品解读

《谈美书简》一书凡十三封信，既有关于美学理论的论述，比如马列主义美学体系、美与美感、形象思维等；也有就具体的美学问题进行探讨，提出自己的看法，比如典型环境与典型性格问题、浪漫主义与现实主义问题、悲剧性与戏剧性等；同时还总结自己切身的体会，对某些错误思想和观点进行批判，比如号召大家冲破人性论、人道主义和人情味等文艺创作和美学中的禁区，等等。

说是清理过去的美学言论，其实最首要的是表明一种新的认识，强调自己新的思维的突破。朱光潜在文中说："解放后，特别是五十年代全国范围的美学批判和讨论中，我才开始认真地学习辩证唯物主义和历史唯物主义，从而逐渐认识到自己过去的一些美学观点的错误。"这本《谈美书简》由来，也就是他在这些年不断学习马列主义、毛泽东思想的基础上，对美学上一些关键问题提出自己新的认识。朱光潜深刻地认识到，学习和研究美学，一定要把学习马列主义经典著作放在首位，反复强调说"研究美学如果不弄懂马克思主义，那就会走入死胡同"。在他看来，马列主义不但给我们提供了正确的世界观和方法论，而且其本身也有一套完整的美学体系。因为以往的美学大师，每一个人都是有一套自己的美学体系的，只不过是唯心的还是唯物的、形而上学的还是辩证的问题。就马克思来说，其美学体系作为哲学这个大体系的不可分割的一部分，同样也就是"辩证唯物主义和历史唯物主义"的，以及这里生发出来的认识来自于实践的基本观点。

目录

一、代前言:怎样学美学?

名师伴你读

因为十年"文革"禁锢了人们的思想,剥夺了人们追求美、谈论美的权利,大家不知道什么是美,怎样才美,不了解美学是什么,都迫切地希望掌握知识,希望通过美学解放自己的头脑,获得新的生命意义,因而书中贯穿两个基本主题:破旧和立新。首先是指出以往那些错误文艺思想的不合理处,然后用正确的方法重新论述。

朋友们:

从一九六五年到一九七七年,我有十多年没有和你们互通消息了。"四人帮"反党集团被一举粉碎之后,我才得到第二次解放,怀着舒畅的心情和老马伏枥的壮志,重理美学旧业,在报刊上发表了几篇文章。相识和不相识的朋友们才知道我这个本当"就木"的老汉居然还在人间,纷纷来信向我提出一些关于学习美学中所遇到的问题,使我颇有应接不暇之势。能抽暇回答的我就回答了,大多数却还来不及回答。我的健康状况,赖经常坚持锻炼,还不算太坏,但今年已八十二岁,毕竟衰老了,而且肩上负担还相当重,要校改一些译稿和文稿,带了两名西方文艺批评史方面的研究生,自己也还在继续学习和研究,此外因为住在首都,还有些要参加的社会活动,够得上说"忙"了。所以来信多不能尽回,对我是一个很大

阐释

从这里我们可以看出作者在过去十多年所经历的精神痛苦和折磨。

读书笔记

的精神负担。朋友们的不耻下问的盛情都很可感，我怎么能置之不理呢？都理吧，确实有困难，如何是好呢？

不久前，社会科学院外文所在广州召开了工作规划会议。在会议中碰见上海文艺出版社的同志，谈起我在解放前写的一本《谈美——给青年第十三封信》，认为文字通俗易懂，颇合初学美学的青年们需要，于是向我建议另写一部新的《谈美》，在这些年来不断学习马列主义、毛泽东思想的基础上，对美学上一些关键性的问题谈点新的认识。听到这个建议，我“灵机一动”，觉得这是一个好机会，让我给来信未复的朋友们作一次总的回答，比草草作复或许可以谈得详细一点。而且到了这样大年纪了，也该清理一下过去发表的美学言论，看看其中有哪些是放毒，有哪些还可继续商讨。放下这个包袱之后，才可轻装上路，去见马克思。这不免使我想起孟子说的一个故事：从前有一位冯妇力能搏虎，搏过一次虎，下次又遇到一只虎，他又“攘臂下车”去搏，旁观的士大夫们都耻笑冯妇“不知止”。现在我就冒蒙士大夫耻笑的危险，也做一回冯妇吧！

叙述说明 很多人给作者写信请教关于“美学”的知识，由此说明作者在业界的影响力。因无法一一回信，作者产生很大的“精神负担”，可以看出作者是个非常有责任心的师者。

阐释 作者这样说是因为自己也承认，在肇始于1956年的美学大讨论（其中包含着某些错误的大批判）中，他个人最大的收获是认真地学习了马克思主义。此后的三十多年里，朱先生心无旁骛，全身心投入到对马克思、恩格斯经典著作的学习、阐释中，甚至亲自动手翻译其中的许多重要段落，以求准确地理解它们的内在含义。

朋友们提的问题很多。最普遍的是：怎样学美学？该具备哪些条件？用什么方法？此外当然还有就具体美学问题征求意见的。例如说：“你过去在美学讨论中坚持所谓‘主客观统一’，还宣扬什么‘直觉说’‘距离说’‘移情说’之类‘主观唯心主义货色’，经过那么久的批判，是否现在又要‘翻案’或‘回潮’呢？”

这类问题在以后信中当相机谈到，现在先谈较普遍的一个问题：怎样学美学？

西方有一句谚语：“条条大路通罗马”，足见通罗马的路并非只有一条。各人资禀不同，环境不同，工作任务的性质不同，就难免要走不同的道路。学美学也是如此，没有哪一条是学好美学的唯一的路。我只能劝诸位少走弯路，千万不要走上邪路。"四人帮"在文艺界进行法西斯专政时，我们都亲眼看到一些人在买空卖空，弄虚作假，公式随便套，帽子满天飞，或者随风转舵，哪里可谋高官厚禄，就拼命往哪里钻，不知人间有羞耻事。这是一条很不正派的邪路，不能再走了。再走就不但要断送个人的前途，而且要耽误我们建设四个现代化的社会主义国家的大业。

我们干的是科学工作，是一项必须实事求是、玩弄不得一点虚假的艰苦工作，既要有清醒的头脑和坚定的恒心，也要有排除一切阻碍和干扰的勇气。马克思在《政治经济学批判》序言末尾曾教导我们说："在科学的入口处，正像在地狱的入口处一样，必须提出这样的要求：'到这里人们就应该排除一切疑虑；这个领域里不容许有丝毫畏惧！'"（《马克思恩格斯选集》第2卷，第85页，人民出版社1972年版。这是但丁《神曲·地狱篇》题在地狱门楣上的两句诗，译文略有改动）。归根到底，这要涉及人生态度，是敷敷衍衍、蝇营狗苟地混过一生呢？还是下定决心，做一点有益于人类文化的工作呢？立志要研究任何一门科学的人首先要端正人生态度，认清方向，要"做老实人，说老实话，办老实事"。一切不老实的人做任何需要实事求是的科学工作都不会走上正路的。

正路并不一定就是一条平平坦坦的直路，难免有些曲折和崎岖险阻，要绕一些弯，甚至难免误入歧途。哪个重要的科学实验一次就能成功呢？"失败者成功之母"。失败的教训一般比成功的经验更有益。现在是和诸位谈心，我不妨约略谈一下自己在美学这条路上怎样走过来的。我在一九三六年由开明书店出版的《文艺心理学》里曾写过这样一段"自白"：

引用

作者通过援引马克思的名言来阐明在科学研究中，信心和勇气是占重要位置的。

阐释

作者主要是想告诉我们：通往真理的路有很多，但是没有近道，没有任何捷径可走，并且每一条路都会遭遇坎坷。

举例子

作者通过描写自己的亲身经历，以此说明学习美学要对文学、哲学、心理学等有所涉猎，且这些学科是学习美学的基础。

阐释

作者在二四十年代时认为美学是文学、艺术等其他学科的基础，但在八十年代又察觉出这种说法有失偏颇。从中可以看出作者思想的变化和差异。

从前我决没有梦想到我有一天会走到美学的路上去。我前后在几个大学里做过十四年的大学生，学过许多不相干的功课，解剖过鲨鱼，制造过染色切片，读过艺术史，学过符号逻辑，用过薰烟鼓和电气反应仪器测验过心理反应，可是我从来没有上过一次美学课。我原来的兴趣中心第一是文学，其次是心理学，第三是哲学。因为欢喜文学，我被逼到研究批评的标准，艺术与人生，艺术与自然，内容与形式，语文与思想等问题；因为欢喜心理学，我被逼到研究想象和情感的关系，创造和欣赏的心理活动，以及文艺趣味上的个别差异；因为欢喜哲学，我被逼到研究康德、黑格尔和克罗齐诸人的美学著作。这样一来，美学便成为我所欢喜的几种学问的联络线索了。我现在相信：研究文学、艺术、心理学和哲学的人们如果忽略美学，那是一个很大的欠缺。

事隔四五十年，现在翻看这段自白，觉得大体上符合事实的，只是最后一句话还只顾到一面而没有顾到另一面。我现在（四五十年后的今天）相信：研究美学的人如果不学一点文学、艺术、心理学、历史和哲学，那会是一个更大的欠缺。

为什么要作这点补充呢？因为近几十年我碰见过不少的不学文学、艺术、心理学、历史和哲学，也并没有认真搞过美学的文艺理论“专家”，这些“专家”的“理论”既没有文艺创作和欣赏的基础，又没有心理学、历史和哲学的基础，那就难免要套公式，玩弄抽象概念，你抄我的，我抄你的，以讹传讹。这不但要坑害自己，而且还会在爱好文学和美学的青年朋友们中造成难以估计的不良影响,现在看来还要费大力,而且主要还要靠有觉悟的青年朋友们自己来清除这种影响。但我是乐观的,深信美学和其他科学一样,终有一天要走上正轨,这是人心所向,历史大势所趋。

我自己在学习美学过程中也走过一些弯路和错路。解放前几十年中我一直在东奔西窜,学了一些对美学用处不大的学科。例如在罗素的影响之下我认真地学过英、意、德、法几个流派的符号逻辑,还写过一部介绍性的小册子,稿子交给商务印书馆,在抗日战争早期遭火烧掉了。在弗洛伊德的影响之下,我费过不少精力研究过变态心理学和精神病治疗,还写过一部《变态心理学》(商务印书馆出版)和一部《变态心理学派别》(开明书店出版)。在抗日战争时期,我心情沉闷,在老友熊十力先生影响之下,读过不少的佛典,认真钻研过"成唯

举例子

作者以自己的亲身经历来教导青年人走弯路不可怕,重要的是要从中得到教训,有所收获。

举例子

作者这样的坏习惯其实就是为了追名逐利,作者能把自己的这个缺点拿到台面上告诉青年人,一方面可以看出作者对自我的反省,另一方面也是让青年人以此为警戒。

引用

"一个战役接着一个战役打",旨在教导青年人做事情要专心一致,专攻一个方面,一个个地去攻克问题。

反问

通过连续三个反问,作者旨在强调美学的重要性以及将美学与社会实际相结合的必要性。

识论",还看了一些医书和谈碑帖的书,可谓够"杂"了。

此外,我还有一个坏习惯:学到点什么,马上就想拿出来贩卖。我的一些主要著作如《文艺心理学》《谈美》《诗论》和英文论文《悲剧心理学》之类都是在学习时代写的。当时作为穷学生,我的动机确实有很大一部分是追求名利。不过这种边买边卖的办法也不是完全没有益处。为着写,学习就得认真些,要就所学习的问题多费些心思来把原书吃透,整理自己的思想和斟酌表达的方式。我发现这也是一个很好的学习方式和思想训练。问题出在我学习得太少了,写得太多太杂了。假如我不那样东奔西窜,在专和精上多下些功夫,效果也许较好些。"事后聪明",不免有些追悔。所以每逢青年朋友们问我怎样学美学时,我总是劝他们切记毛泽东同志集中精力打歼灭战和先攻主要矛盾的教导。一个战役接着一个战役打,不要东奔西窜,浪费精力。就今天多数青年人来说,目前主要矛盾在资料太少,见闻太狭窄,老是抱着几本"理论专家"的小册子转,一定转不出什么名堂来。学通一两种外语可以勉强看外文书籍了,就可以陆续试译几种美学名著。翻译也是学好外文的途径之一。读了几部美学名著,掌握了必要的资料,就可以开始就专题学习写出自己的心得。选题一定要针对我国当前的文艺动态及其所引起的大家都想解决的问题。例如毛泽东同志给陈毅同志的一封谈诗的信发表之后,全国展开了关于"形象思维"的讨论。这确实是美学中一个关键性的问题,你从事美学,能不闻不问吗?不闻不问,你怎能使美学为现实社会服务呢?你自己怎能得到集思广益和百家争鸣的好处呢?为着弄清"形象思维"问题,你就得多读些有关的资料和书籍,多听些群众的意见,逐渐改正自己的初步想法,从而逐渐深入到问题的核心,逐渐提高自己的认识能力和思考能力。这样学美学，我认为比较踏实些。我希望青年朋友们不要再蹈我的覆辙，轻易动手写什么美学史。美学史或文学史好比导游书，你替旁人导游而自己却不曾游过，就难免道听途说，养成武断和不老实的习惯，不但对美学无补，而且对文风和学风都要起败坏作用。

在我所走过的弯路和错路之中，后果最坏的还是由于很晚才接触到马列主义、毛泽东思想，长期陷在唯心主义和形而上学的泥淖中。解放后，特别在五十年代全国范围的美学批判和讨论中，我才开始认真地学习辩证唯物主义和历史唯物主义，从而逐渐认识到自己过去的一些美学观点的错误。学习逐渐深入，我也逐渐认识到真正掌握和运用马列主义并不是一件易事。如果把它看成易事，就必然有公式化和概念化的危险。我还逐渐认识到历史上一些唯心主义的美学大师，从柏拉图、普洛丁到康德和黑格尔，都还应一分为二地看，在美学领域里他们毕竟做出了不可磨灭的贡献。这一点认识使我进一步懂得了文化批判继承的道理和钻研马列主义的重要性。所以我在指导我的研究生时，特别要求他们努力掌握马列主义。要掌握马列主义，首先就要一切从具体的现实生活出发，实事求是，彻底清除公式化和概念化的恶劣积习，下次信中再着重地谈一谈这个问题。

阐释

作者在这里主要想告诉青年人，掌握马列主义理论并没有想象中那么简单，不仅要从理论上学习、了解，更要将其掌握和运用到实践当中。

拓展阅读

名师点拨

朱光潜先生在这封信中首先谈了写作《谈美书简》的动机，

在回答“怎样学习美学”这一问题时，说他感触最深的是治学的学风。针对美学是个旁涉很多领域的边缘学科，以及国内“资料太少”这一特殊性，朱光潜先生指出：“研究美学的人如果不学一点文学、艺术、心理学、历史和哲学，那会是一个更大的欠缺，而且会成为‘空头美学家’”；要“学通一二种外语”，直接阅读外文书籍；尤其应下大力气去攻读马列主义理论，但不迷信翻译过来的书籍。

回味思考

1. 朱先生写这封信的初衷是什么呢？结合文本谈一谈你的理解。

2. 你是如何看待朱光潜先生从唯心主义转变到信仰马列主义的？

3.作为一个青年人，你认为应该如何学习美学呢？你在学习的过程中遇到过什么困难吗？

好词收藏

应接不暇　通俗易懂　灵机一动　弄虚作假　蝇营狗苟

好句积累

◔ 各人资禀不同，环境不同，工作任务的性质不同，就难免要走不同的道路。学美学也是如此，没有哪一条是学好美学的唯一的路。

◔ 我们干的是科学工作，是一项必须实事求是、玩弄不得一点虚假的艰苦工作，既要有清醒的头脑和坚定的恒心，也要有排除一切阻碍和干扰的勇气。

◔ 正路并不一定就是一条平平坦坦的直路，难免有些曲折和崎岖险阻，要绕一些弯，甚至难免误入歧途。

◔ 要掌握马列主义，首先就要一切从具体的现实生活出发，实事求是，彻底清除公式化和概念化的恶劣积习，下次信中再着重地谈一谈这个问题。

二、从现实生活出发还是从抽象概念出发?

名师伴你读

一谈到美学,我们就不禁发问:什么是美?怎样才算美?美的本质到底是什么呢?很多理论家都对此作过回答,那么朱先生对此的回答是什么呢?

朋友们:

在我接到心向美学的朋友们来信中,经常出现的问题是究竟怎样才算美,“美的本质”是什么?

提问“怎样才算美”的朋友们未免有些谦虚。实际上这些朋友们每天都在接触到一些美的和丑的事物,在情感上都有不同程度的感受甚至激动。例如一个年轻小伙子碰见一位他觉得中意的姑娘,他能没有一点美的感受吗?一个正派人在天安门事件中看见正反两派人物的激烈斗争,不也是多少能感觉到美的确实是美,丑的确实是丑吗?在这种场合放过火热的斗争而追问美的本质是什么,丑的本质是什么,不是有点文不对题吗?一个人如果不是白痴,对于具体的美和丑都有认识,这种认识不一定准确,但在不断地体验现实生活和加强文艺修养中,它会逐渐由错误到正确,由浅到深,这正是审美

举例子 作者通过列举这两个例子来说明我们每个人时时刻刻都在接触美和丑的事物,并且对美、丑都有自己的认识。

描写 每个人对具体的美、丑都有自己的认识，这种认识经过不断地实践和理论学习会逐渐形成正确的、深层次的审美。

反问 通过两个反问更加有力地说明了给“美”下一个定义本身就是错误的，因为“美”是复杂的，是没有标准的。

教育的发展过程。而现在有些人放弃亲身接触过和感受过的事物不管，而去追问什么美的本质这个极端抽象的概念，我敢说他们会永远抓不着所谓“美的本质”。法国人往往把“美”叫作“我不知道它是什么”(Je ne sais quoi)。可不是吗？柏拉图说的是一套，亚里士多德说的又是一套；康德说的是一套，黑格尔说的又是一套。从马克思主义立场来看，他们都可一分为二，各有对和不对的两方面。事情本来很复杂，你能把它简单化成一个“美的定义”吗？就算你找到“美的定义”了，你就能据此来解决一切文艺方面的实际问题吗？这问题也涉及文艺创作和欣赏中的一系列问题，以后还要谈到，现在只谈研究美学是要从现实生活中的具体的事例出发，还是从抽象概念出发？

引起我先谈这个问题的是一位老朋友的来信。这位朋友在五十年代美学讨论中和我打过一些交道。他去年写过一篇题为《美的定义及其解说》的近万言长文，承他不弃，来信要我提意见。他的问题在现在一般中青年美学研究工作者中有普遍意义，所以趁这次机会来公开作复。

请先读他的“美的定义”：

> 美是符合人类社会生活向前发展的历史规律及相应的理想的那些事物的，以其相关的自然性为必要条件，而以其相关的社会性（在有阶级的社会时期主要被阶级性所规定）为决定因素。矛盾统一起来的内在好本质之外部形象特征，诉诸一定人们感受上的一种客观价值。

既是客观规律，又是主观理想；既是内在好本质，又是外部形象特征；既是自然性，又是社会性；既是一定人们感受，又是客观价值。定义把这一大堆抽象概念拼凑在一起，仿佛主观和客观的矛盾就统一起来了。这种玩弄积木式的拼凑倒也煞费苦心，可是解决了什么问题呢？难道根据这样拼凑起来的楼阁，就可以进行文艺创作、欣赏和批评了吗？

“定义”之后还附了十三条“解说”仍旧是玩弄一些抽象概念，说来说去，并没有把“定义”解说清楚。作者始终一本正经，丝毫不用一点具体形象，丝毫不流露一点情感。他是从艺术学院毕业的，听说搞过雕塑和绘画，但始终不谈一点亲身经验，不举一点艺术实践方面的例证。十九世纪法国巴那斯派诗人为着要突出他们的现实主义，曾标榜所谓“不动情”（Impassivité）。“定义”的规定者确实做到了这一点，在文章里怕犯“人情味”的忌讳，阉割了自己，也阉割了读者，不管读者爱听不爱听，他硬塞给你的就只有这种光秃秃硬邦邦的枯燥货色，连文字也还似通不通。到什么时候才能看到这种文风改变过来呢！

读到这个“美的定义”，我倒有“如逢故人”的感觉。这位故人仍是五十年代美学讨论中的故人。当前，党的工作重点实行了转移，实现四个现代化成了全国人民的中心任务，各条战线正在热火朝天地大干快上，文艺界面貌也焕然一新。但这一切在这位搜寻“美的定义”的老朋友身上仿佛都没有起一点作用，他还是那样坐井观天，闻风不动！

十三条“解说”之后又来了一个“附记”。作者在引了毛泽东同志的研究工作不应当从定义出发的教导后，马上就来了一个一百八十度大转变的“然而”：“然而同时并不排除经过实事求是的研究而从获得的结论中，归纳、概括、抽绎出定义。”是呀，你根据什么“实事”求出什么“是”呢？你这是遵循毛主

比喻

作者把一大堆抽象概念的拼凑比作堆积木，讽刺了只重抽象概念的文艺批评方式，并以此说明具体实践和情感在文艺创作和欣赏中是非常重要的。

嘲讽

在文艺作品中，“人情味”就是人民喜闻乐见的文艺作品，是文艺创作和欣赏中必不可少的内容，从“阉割”“光秃秃”“硬邦邦”等词可以看出作者对巴那斯派诗人形式主义的嘲讽和批判。

反问

通过连续的两个反问，表达出作者对老友观点的不认可，侧面说明了老友思想的呆板和教条化。

席的“辩证唯物主义路线”吗？

接着作者还来了一个声明：

> 以上“美”的定义，无非自己在美学研究长途中的一个小小暂时“纪程”而已。以后于其视为绊脚石时，自己或旁人，都可以而且应当无所爱惜地踢开它！

这里有一个惊叹号，是文中唯一的动了一点情感的地方，表现出决心和勇气。不过作为一个老友，我应该直率地说，你的定义以及你得出定义所用的方法正是你的绊脚石。你如何处理这块绊脚石，且观后效吧！

举例子

敲钟人连声叫出的“美”在作者看来是充满感情的，也是具有震撼力的，虽然他没有研究过“美”，但他确确实实感受到了“美”，他从自己的生活经验中认识到了“美”。

读过这篇“美的定义”之后不久，我有机会上过一堂生动的美学课，看到新上演的意大利和法国合摄的电影片《巴黎圣母院》。听到那位既聋哑而又奇丑的敲钟人在见到那位能歌善舞的吉卜赛女郎时，结结巴巴地使劲连声叫“美！美、美……”我不禁联想起“美的定义”。我想这位敲钟人一定没有研究过“美的定义”，但他的一生事迹，使我深信他是个真正懂得什么是美的人，他连声叫出的“美”确实是出自肺腑的。一听到就使我受到极大的震动，悲喜交集，也惊赞雨果毕竟是个名不虚传的伟大作家。这位敲钟人本是一个孤儿，受尽流离困苦才当上一个在圣母院里敲钟的奴隶。圣母院里的一个高级僧侣偷看到吉卜赛女郎歌舞，便动了淫念，迫使敲钟人去把她劫掠过来。在劫掠中敲钟人遭到了群众的毒打，渴得要命，奄奄一息之际，给他水喝因而救了他命的正是被他恶棍主子差遣去劫夺的吉卜赛女郎。她不但不跟群众一起去打他，而且出于对同受压迫的穷苦人的同情，毅然站出来救了他的命。她不仅面貌美，灵魂也美。这一口水之恩使敲钟人认识到什么是善和恶，美和丑，什么是人类的爱和恨。以后到每个紧要关头，他都是吉卜赛女郎的救护人，甚至设法去成全她对卫队长的单相思。把她藏在钟楼里使她免于死的是他，识破那恶棍对她的阴谋的是他，最后把那个恶棍从高楼上扔下摔死，因而替女郎报了仇、雪了恨的也还是他。这个女郎以施行魔术的罪名被处死，尸首抛到地下墓道里，他在深夜里探索到尸首所在，便和她并头躺下，自己也就断了气。就是这样一个五官不全而又奇丑的处在社会最下层的小人物，却显出超人的大力、大智和大勇乃至大慈大悲。这是我在文艺作品中很少见到的小人物的高大形象。我不瞒你说，我受到了很大的感动。

描述

作者通过大篇幅的描述旨在引出下文关于自然美和艺术美的关系和区别问题，也是为了更深一步地肯定现实主义。

我说这次我上了一堂生动的美学课。这不仅使我坚定了一个老信念：现实生活经验和文艺修养是研究美学所必备的基本条件，而且使我进一步想到美学中的一些关键问题。首先是自然美与艺术美的关系和区别问题。现实中有没有像敲钟人那样小人物的高大形象呢？我不敢作出肯定或否定的回答，我只能说，至少是我没有见过。我认为雨果所写的敲钟人是艺术创造出来的奇迹，是经过夸张虚构、集中化和典型化才创造出来的。敲钟人的身体丑烘托出而且提高了他的灵魂美。这样，自然丑本身作为这部艺术作品中的一个重要因素，也就转化为艺术美。艺术必根据自然，但艺术美并不等于自然美，而自然丑也可以转化为艺术美，这就说明了艺术家有描写丑恶的权利。

举例子

通过《巴黎圣母院》中身体丑陋却拥有美好灵魂的敲钟人来说明对“什么是美”的观点，即“自然丑也可以转化为艺术美”“艺术家有描写丑恶的权利”。

这部影片也使我回忆起不久前读过的人民美术出版社一

举例子

作者通过列举罗丹的例子,再一次说明自己的观点:要从现实而不是从抽象概念出发去研究美学问题。

比喻

把评论者比作法官,表现出作者对这种用抽象概念来评论文艺作品的评论方式的不满和嘲讽,以此说明评论员在评论文艺作品时必须要从具体的文艺作品出发,具体分析,而不能概念化、抽象化。

反问

通过反问强有力地表明了作者的态度:现实主义就是要描写真实,就是要从现实出发,与此同时也肯定了罗丹的现实主义。

九七八年印行的《罗丹艺术论》及其附载的一篇《读后记》。罗丹的艺术论是一位艺术大师总结长期艺术实践的经验之谈,既亲切而又深刻,在读过《罗丹艺术论》正文之后再读《读后记》,不免感到《读后记》和正文太不协调了。不协调在哪里呢?罗丹是从亲身实践出发的,句句话都出自肺腑;《读后记》是从公式概念出发的,不但蔑视客观事实,而且帽子棍子满天飞。

过去这些年写评论文章和文艺史著作的都要硬套一个千篇一律的公式:先是拼凑一个历史背景,给人一个运用历史唯物主义的假象;接着就"一分为二",先褒后贬,或先贬后褒,大发一番空议论,歪曲历史事实来为自己的片面论点打掩护。往往是褒既不彻底,贬也不彻底,褒与贬互相抵消。凭什么褒,凭什么贬呢?法官式的评论员心中早有一套法典,其中条文不外是"进步""反动""革命""人民性""阶级性""现实主义""浪漫主义""世界观""创作方法""自然主义""理想主义""人性论""人道主义""颓废主义"……之类离开具体内容就很空洞的抽象概念,随处都可套上,随处都不很合。任何一位评论员用不着对文艺作品有任何感性认识,就可以大笔一挥,洋洋万言。我很怀疑这种评论有几个人真正要看。这不仅浪费执笔者和读者的时间,而且败坏了文风和学风。现在是应该认真对待这个问题的时候了!

《读后记》的作者对罗丹确实有褒有贬,不过贬抵消了褒。我们先看他对罗丹所控诉的罪状,再考虑一下如果这些罪状能成立,罗丹还有什么可褒的?为什么把他介绍到中国来?

作者一方面肯定了罗丹的现实主义,另一方面又指责罗丹的现实主义"不过是'写真实'的别名"。我们还记得"写真实"过去在我们中间成了一条罪状,难道现实主义就不要"写真实”吗?作者还挑剔罗丹不该把现实主义说成“诚挚是唯一的法则”,理由是“根本不可能有什么超阶级的‘诚挚’”,试问过去公认的一些阶级成分并不怎么好的现实主义大师,例如莎士比亚、费尔丁、巴尔扎克、易卜生、托尔斯泰等,都不“诚挚”,都在以说谎骗人为业吗?作者还重点地讨论了艺术如何运用丑的问题。他先褒了一笔,肯定罗丹描绘丑陋有不肯粉饰生活的“积极内容”,没有否认自然丑可以化为艺术美,接着就指责罗丹“偏爱残缺美”,毕竟“含有不健康的消极因素”,因为他“受到了颓废思潮的很深的影响”,“罗丹思想上同颓废派的联系,使他不能正确辨认生活与艺术中的一切美丑现象”。试问罗丹既不能正确辨认生活与艺术中的一切美丑现象,他不就成了白痴吗?还凭什么创造出那些公认为杰出的作品呢?罪状还不仅此,罗丹“偏爱残缺美”,“也破坏了艺术的形式美”,“罗丹作品形式上的缺点正是反映了内容空虚和消极反动”。总之,一戴上“颓废派”的帽子,一个艺术家就必须一棍子打死。请问广大读者,《罗丹艺术论》和罗丹的作品究竟在哪一点上表明他是个颓废派呢?就历史事实来说,罗丹在“思想上同颓废派”究竟有什么联系吗?和他联系较多的人是雨果和巴尔扎克,他替这两位伟大小说家都雕过像,此外还有大诗人波德莱尔,他和罗丹是互相倾慕的。波德莱尔的诗集命名为《罪恶之花》,一出版就成了一部最畅销的书,可见得到了广大群众的批准。但是《罪恶之花》这个不雅驯的名称(趁便指出:原文 Mal 应译为“病”,即“世纪病”中的“病”,“罪恶”是误译)。便注定了他在某些人心目中成了“颓废派”的代表。罗丹和他确实有联系,那他也就成了颓废派。依这种逻辑,雨果和巴尔扎克当然也就应归入颓废派了。要深文罗织,找罪证也不难,雨果不是在《巴黎圣母院》里塑造了五官不全的奇

反问

作者通过两个反问讽刺了那些形式主义者,表面上的残缺不代表丑,就好像外表上的漂亮不代表美一样,创作者要有正确辨认生活与艺术中一切美丑现象的能力。

读书笔记

丑的敲钟人吗？巴尔扎克不也写过许多丑恶的人和丑恶的事吗？

我们在这里并不是要为颓废派辩护。在十九世纪末，据说颓废主义是普遍流行的“世纪病”。这是客观事实，而且也有它的历史根源。处在帝国主义渐就没落时期，一般资产阶级文化人和文艺工作者大半既不满现状而又看不清出路，有些颓废倾向，而且还宣扬人性论、人道主义、天才论、不可知论和一些其他奇谈怪论。他们的作品难免有这样和那样的毒素，但毕竟有“不粉饰现实生活的积极内容”，而且在艺术上还有些达到很高的成就，我们究竟应该如何对待他们呢？为着保健防疫，是不是就应干脆把他们一扫而空，在历史上留一段空白为妙呢？这其实就是“割断历史”的虚无主义，与马克思主义毫无共通之处。

朋友们，我和诸位在文艺界和美学界有“同行”之雅，在这封信里向诸位谈心，以一个年过八十的老汉还经常带一点火气，难免要冒犯一些人。我实在忍不下去啦！请原谅这种苦口婆心吧！让我们振奋精神，解放思想，肃清余毒，轻装上阵吧！

阐释

在作者看来，“不粉饰现实生活的积极内容”指的是颓废主义的积极意义就在于其作品中含有对现实社会的描写和批判的意味，看待颓废主义要一分为二。

设问

作者通过两个连着的设问有力地表明颓废文学中也蕴含着其特殊的积极意义，它的积极意义就在于对现实有真实的描绘和真切的感受。

拓展阅读

名师点拨

朱先生在信的开头就抛出两个以往朋友提问频率最高的问题：“怎样才算美？”“美的本质是什么？”然后他以日常生活中随处可见的生活场景作了直截了当的回答，告诉读者其实我们每天都在接触一些美和丑的东西，对美、丑的认识程度也逐渐由错误到正确，由浅入深。朱先生还指出，如果放弃亲身接触和感受过的事物不管，而去追问什么是“美的本质”这个极为抽象的概念，结果往往会南辕北辙、适得其反，最后得到的也会是一种孤立的、静止的、片面的结论，缺乏鲜活的情感，读者也不会感同身受，甚至无法理解，犹如布满灰尘的千年木乃伊，是一种艺术上的“形而上学主义”。这也是朱先生在八十年代坚持的“美是主观与客观的统一”。

回味思考

1.朱光潜先生为什么反对对美下定义呢?

2.朱光潜先生的美学思想对艺术创作有什么影响呢?

好词收藏

谦虚　涉及　煞费苦心　热火朝天　焕然一新　坐井观天

好句积累

◔ 我想这位敲钟人一定没有研究过“美的定义”，但他的一生事迹，使我深信他是个真正懂得什么是美的人，他连声叫出的“美”确实是出自肺腑的。

◔ 艺术必根据自然，但艺术美并不等于自然美，而自然丑也可以转化为艺术美，这就说明了艺术家有描写丑恶的权利。

◔ 试问罗丹既不能正确辨认生活与艺术中的一切美丑现象，他不就成了白痴吗?还凭什么创造出那些公认为杰出的作品呢?

三、谈　人

名师伴你读

由于当时有相当多的人写信向朱先生请教“美是什么”，使朱先生感到许多人对自己思考问题的出发点和基本立足点并没有明确的认识。他认为不应该丢开亲身接触过的和感受过的事物不管，而去追问美的本质这样抽象的概念。那么，美究竟应该从哪里谈起呢？朱先生的答案是从人谈起。

朋友们：

谈美，我得从人谈起，因为美是一种价值，而价值属于经济范畴，无论是使用还是交换，总离不开人这个主体。何况文艺活动，无论是创造还是欣赏、批评，同样也离不开人。

反问

木石只有物质，而人除了物质之外还有意识，有情感，有意志，也就是有心灵，所以，人是世间万物中最复杂的，也是最难懂的。

你我都是人，还不知道人是怎么回事吗？世间事物最复杂因而最难懂的莫过人，懂得人就会懂得你自己。希腊人把“懂得你自己”看作人的最高智慧。可不是吗？人不像木石只有物质，而且还有意识，有情感，有意志，总而言之，有心灵。西方还有一句古谚：“人有一半是魔鬼，一半是仙子。”魔鬼固诡诈多端，仙子也渺茫难测。

作为一种动物，人是人类学的研究对象。他经过无数亿万年才由单细胞生物发展到猿，又经过无数亿万年才由类人猿发展到人。正如人的面貌还有类人猿的遗迹，人的习性中也还保留一些兽性，即心理学家所说的“本能”。

我们这些文明人是由原始人或野蛮人演变来的，除兽性之外，也还保留着原始人的一些习性。要了解现代社会人，还须了解我们的原始祖先。所以马克思特别重视摩根的《古代社会》，把它细续过而且加过评注。恩格斯也根据古代社会的资料，写出《家庭、私有制和国家的起源》。在《自然辩证法》一书中，恩格斯还详细论述了劳动在从猿到人转变过程中的作用，谈到了人手的演变，这对研究美学是特别重要的。古代社会不仅是家庭、私有制和国家政权的摇篮，而且也是宗教、神话和艺术的发祥地。数典不能忘祖，这笔账不能不算。

从人类学和古代社会的研究来看，艺术和美是怎样起源的呢？并不是起于抽象概念，而是起于吃饭穿衣、男婚女嫁、猎获野兽、打群仗来劫掠食物和女俘以及劳动生产之类日常生活实践中极平凡卑微的事物。中国的儒家有一句老话：“食、色，性也。”“食”就是保持个体生命的经济基础，“色”就是绵延种族生命的男女配合。艺术和美也最先见于食色。汉文“美”字就起于羊羹的味道，中外文都把“趣味”来指“审美力”。原始民族很早就很讲究美，从事艺术活动。他们用发亮耀眼的颜料把身体涂得漆黑或绯红，唱歌作乐和跳舞来吸引情侣，或庆祝狩猎、战争的胜利。关于这些，格罗斯(K.Groos)在《艺术起源》里讲得很详细，较易得到的普列汉诺夫的《没有地址的信》也可以参看。

在近代，人是心理学的主要研究对象。一个活人时时刻刻要和外界事物（自然和社会）打交道，这就是生活。生活是人从实践到认识，又从认识到实践的不断反复流转的发展过程。为着生活的需要，人在不断地改造自然和社会，同时也在不断地改造自己。心理学把这种复杂过程简化为刺激到反应

阐释

作者在这里点明了谈“人”要从我们的原始祖先谈起，这是人性的源头。

阐释

我们人类从原始人逐渐转变为现代人，虽然相貌等外在变化了很多，但内在的人性依然保留了下来，此外，“这笔账不能不算”一句也表明了作者态度的坚决和坚定。

设问

作者通过一问一答，表明在食和色这两大人类本性的具体行为中便蕴藏着艺术和美，更加强调了艺术和美均起源于日常生活中极其平凡的事物。

往而复返的循环弧。外界事物刺激人的各种感觉神经，把映象传到脑神经中枢，在脑里引起对对象的初步感性认识，激发了伏根很深的本能和情感（如快感和痛感以及较复杂的情绪和情操），发动了采取行动来应付当前局面的思考和意志，于是脑中枢把感觉神经拨转到运动神经，把这意志转达到相应的运动器官，如手足肩背之类，使它实现为行动。哲学和心理学一向把这整个运动分为知（认识）情（情感）和意（意志）这三种活动，大体上是正确的。

阐释

人是心理学的主要研究对象，作者详细地阐释这一点意在为下文从哲学上谈人做铺垫。

心理学在近代已成为一种自然科学，在过去是附属于哲学的。过去哲学家主要是意识形态制造者，他们大半只看重认识而轻视实践，偏重感觉神经到脑中枢那一环而忽视脑中枢到运动神经那一环，也就是忽视情感、思考和意志到行动那一环。他们大半止于认识，不能把认识转化为行动。不过这种认识也可以起指导旁人行动的作用。马克思《关于费尔巴哈的提纲》第十一条说："哲学家们只是用不同的方式解释世界，而问题在于改变世界"（《马克思恩格斯选集》第1卷，第19页，人民出版社1972年版）。就是针对这些人说的。

阐释

由于大部分哲学家重认识、轻实践，因而他们不能把认识转化为行动，马克思在这里想说的是哲学家不仅要认识世界，更要改造世界。

就连在认识方面，较早的哲学家们也大半过分重视"理性"认识而忽视感性认识，而他们所理解的"理性"是先验的甚至是超验的，并没有感性认识的基础。这种局面到十七八世纪启蒙运动中英国的培根和霍布士等经验派哲学家才把它转变过来，把理性认识移置到感性认识的基础上，把理性认识看作是感性认识的进一步发展。英国经验主义在欧洲大陆上发生了深远影响，它是机械唯物主义的先驱，费尔巴哈就是一个著例。他"不满意抽象的思维而诉诸感性的直观；但是他把感性不是看作实践的、人类感性的活动"［马克思：《关于费尔巴哈的提纲》，《马克思恩格斯选集》第1卷，第17页，人民出版

举例子

以费尔巴哈的哲学为例，作者意在说明早期很多哲学家重视抽象思维，轻视感性思维，且这种认识在欧洲持续影响了很长的时间。

社 1972 年版。“感性的”(Sinnlich),有“具体的”和“物质的”意思]。对现实事物“只是从客体的或者直观的形式去理解,而不是把它们当作人的感性活动,当作实践去理解”,结果是人作为主体的感性活动、实践活动、能动的方面,却让唯心主义抽象地发展了。而且“他没有把人的活动本身理解为客体的活动”(马克思:《关于费尔巴哈的提纲》,《马克思恩格斯选集》第 1 卷,第 16 页,人民出版社 1972 年版。“客体的”原译为“客观的”,不妥)。这份《提纲》是马克思主义哲学的核心,但在用词和行文方面有些艰晦,初学者不免茫然,把它的极端重要性忽视过去。这里所要解释的主要是认识和实践的关系,也就是主体(人)和客体(对象)的关系。费尔巴哈由于片面地强调感性的直观(对客体所观照到的形状),忽视了这感性活动来自人的能动活动方面(实践)。毛病出在他不了解人(主体)和他的认识和实践的对象(客体)既是相对立而又相依为命的,客观世界(客体)靠人来改造和认识,而人在改造客观世界中既体现了自己,也改造了自己。因此物(客体)之中有人(主体),人之中也有物。马克思批评费尔巴哈“没有把人的活动本身理解为客体的活动”。参加过五十年代国内美学讨论的人们都会记得多数人坚持“美是客观的”,我自己是从“美是主观的”转变到“主客观统一”的。当时我是从对客观事实的粗浅理解达到这种转变的,还没有懂得马克思在《提纲》中关于主体和客体统一的充满唯物辩证法的阐述的深刻意义。这场争论到现在似还没有彻底解决,来访或来信的朋友们还经常问到这一点,所以不嫌词费,趁此作一番说明,同时也想证明哲学(特别是马克思主义哲学)和心理学的知识对于研究美学的极端重要性。

阐释

作者的美学思想在八十年代发生很大转变的一个重要原因就在于他接受了马克思主义理论,并且从马克思主义中的实践论中去思考美学问题。

阐释

作者这么说是因为在其早期著作强调直觉在美感经验中的创造性作用便是著例。即使在转向马克思主义后,人的问题不但没有被忽略,反而成为他晚年思考美学问题的核心。

阐释

作者之所以这样说是因为他在三四十年代主要接受的是康德等人的唯心主义哲学，八十年代接受了马克思主义理论后认识到唯心主义哲学的一些弊端，所以才在此稍作批判。

谈到观点的转变，我还应谈一谈近代美学的真正开山祖康德这位主观唯心论者对我的影响，并且进行一点力所能及的批判。大家都知道，我过去是意大利美学家克罗齐的忠实信徒，可能还不知道对康德的信仰坚定了我对克罗齐的信仰。康德自己承认英国经验派怀疑论者休谟把他从哲学酣梦中震醒过来，但他始终没有摆脱他的“超验”理性或“纯理性”。在《判断力的批判》上部，康德对美进行了他的有名的分析。我在《西方美学史》第十二章里对他的分析结果作了如下的概括叙述：

> 审美判断不涉及欲念和利害计较，所以有别于一般快感以及功利的和道德的活动，即不是一种实践活动；审美判断不涉及概念，所以有别于逻辑判断，即不是一种概念性认识活动；它不涉及明确的目的，所以与审美的判断有别，美并不等于（目的论中的）完善。
>
> 审美判断是对象的形式所引起的快感。这种形式之所以能引起快感，是因为它适应人的认识功能（即想象力和知解力），使这些功能可以自由活动并且和谐地合作。这种心理状态虽不是可以明确地认识到的，却是可以从情感的效果上感觉到的。审美的快感就是对于这种心理状态的肯定，它可以说是对于对象形式（客体）与主体的认识功能的内外契合……所感到的快慰。这是审美判断中的基本内容。

读书笔记

康德的这种美的分析有一个明显的致命伤。他把审美活动和整个人的其他许多功能都割裂出来，思考力、情感和追求目的的意志在审美活动中都从人这个整体中阉割掉了，留下来的只是想象力和知解力这两种认识功能的自由运用与和谐合作所产生的那一点快感。这两种认识功能如何自由运用与和谐合作，也还是一个不可知的秘密，因为他明确地说过“审美趣味方面没有客观规则”，艺术是“由自然通过天才来规定法则的”。他把美分为“纯粹的”和“依存的”两种，“美的分析”只针对“纯粹美”，到讨论“依存美”时，康德又把他原先所否定的因素偷梁换柱式地偷运回来，前后矛盾百出。就对象（客体）方面来看也是如此，他先肯定审美活动只涉及对象的形式，也就是说，与对象的内容无关；可是后来讨论“理想美”时却又说“理想是把个别事物作为适合于表现某一观念的形象显现”，这种“观念”就是“一种不确定的理性概念”，“它只能在人的形体上见出，在人的形体上，理想是道德精神的表现”。

指出如此等类的矛盾，并不是要把康德一棍子打死。康德对美学问题是经过深思熟虑的，发现其中有不少难解决的矛盾。他自己虽没有解决这些矛盾，却没有掩盖它们，而是认为可以激发后人的思考，推动美学的进一步发展。不幸的是后来他的门徒大半只发展了他的美只涉及对象的形式和主体的不带功利性的快感，即只涉及“美的分析”那一方面，而忽视了他对于“美的理想”“依存美”和对“崇高”的分析那另一方面。因此就产生了“为艺术而艺术”，“形式主义”，克罗齐的“艺术即直觉”，“美学只管美感经验”，美感经验是“孤立绝缘的”（闵斯特堡）和实际事物保持“距离”的（缪勒·弗兰因菲尔斯）以及“超现实主义”，象征派的“纯诗”运动，巴那斯派的“不动情感”“取消人格”之类五花八门的流派和学说，其中有大量的歪风邪气，康德在这些方面都是始作俑者。

阐释

作者在这里指出康德对美的分析是片面的，康德认为对美的评价和鉴赏不应该掺杂任何主观的因素，而作者认为这是对美的片面分析，是不完整的。

阐释

作者在指出了康德在对美进行鉴赏和评价时所犯的错误的同时，也提醒我们要具体问题具体分析，康德的分析也是有其合理性存在的。

举例子

这些理论都是只重视美的客观性，而忽视了其中的主观性因素，作者列举这些理论是为了说明康德在这一方面对后世的巨大影响。

阐释

康德过于强调客观而忽视人的情感，因而到了尼采、叔本华这里就十分强调个人的意志，如尼采的超人哲学。

近一百年中对康德持异议的也大有人在。例如康德把情感和意志排斥到美的领域之外，继起的叔本华就片面强调意志，尼采就宣扬狂歌狂舞、动荡不停的“酒神精神”和“超人”，都替后来德国法西斯暴行建立了理论基础。这种事例反映了帝国主义垂危时期的社会动荡和个人自我扩张欲念的猖獗。这个时期变态心理学开始盛行，主要的代表也各有一套美学或文艺理论，都明显地受到尼采和叔本华的影响。首屈一指的是弗洛伊德。他认为原始人类婴儿对自己父母的性爱和妒忌所形成的“情意综”（男孩对母亲的性爱和对父亲的妒忌叫作“伊狄普斯情意综”，女孩对父亲的性爱和对母亲的妒忌叫

作"伊勒克屈娜情意综")到了现在还暗中作祟,采取化妆,企图在文艺中得到发泄。于是文艺就成了"原始性欲本能的升华"。弗洛伊德的门徒之一爱德洛却以个人的自我扩张欲(叫作"自我本能")代替了性欲。自我本能表现于"在人上的意志",特别是生理方面有缺陷的人受这种潜力驱遣,努力向上,来弥补这种缺陷。例如贝多芬、莫扎特和舒曼都有耳病,却都成了音乐大师。

像上面所举的这类学说现在在西方美学界还很流行,其通病和康德一样,都在把人这个整体宰割开来成为若干片段,单挑其中一块来,就说人原来如此,或是说,这一点就是打开人这个秘密的锁钥,也是打开美学秘密的锁钥。这就如同传说中的盲人摸象,这个说象是这样,那个说象是那样,实际上都不知道真象究竟是个啥样。

谈到这里,不妨趁便提一下,十九世纪以来西方美学界在研究方法上有机械观与有机观的分野。机械观来源于牛顿的物理学。物理学的对象本来是可以拆散开来分零件研究,把零件合拢起来又可以还原的。有机观来源于生物学和有机化学。有机体除单纯的物质之外还有生命,这就必须从整体来看,分割开来,生命就消灭了。解剖死尸,就无法把活人还原出来。机械观是一种形而上学,有机观就接近于唯物辩证法。上文所举的康德以来的一些美学家主要是持机械观的。当时美学界有没有持有机观的呢?为数不多,德国大诗人歌德便是一个著例,他在《收藏家和他的伙伴们》的第五封信中有一段话是我经常爱引的:

人是一个整体,一个多方面的内在联系着的各种能力的统一体。艺术作品必须向人这个整体说

举例子

作者以这些大音乐家为例,是为了说明爱德洛的观点,即当一个人有生理缺陷时,就会努力弥补这种缺陷。

举例子

作者举出拆解死人无法还原活人的例子,表现出机械观的弊端,强调人是一个有生命的整体。

引用

在作者看来,美是一种价值,而价值总离不开人。但是,对待人不能像他过去信奉的唯心主义大师康德、克罗齐那样,把人这个整体分割成若干片断,这样只能像盲人摸象,看不清人的庐山真面目。

话，必须适应人的这种丰富的统一体，这种单一的杂多。

读书笔记

这就是有机观。这是伟大诗人从长期文艺创作和文艺欣赏中所得到的经验教训，不是从抽象概念中出来的。着重人的整体这种有机观，后来在马克思的《经济学－哲学手稿》里得到进一步发展，为辩证唯物主义和历史唯物主义奠定了基础。关于这一点，我们在以后的信里还要详谈。

拓展阅读

名师点拨

弘扬人的主观能动性和创造精神，是朱先生一以贯之的思想。他坚信，“看轻主观就是看轻人”。早期著作强调直觉在美感经验中的创造性作用便是著例。即使在转向马克思主义后，人的问题不但没有被忽略，反而成为他晚年思考美学问题的核心。在信中，朱先生批评近代心理学研究人的缺陷是大半重视认识而忽视实践，忽视情感、思考和意志到行动的那一环。马克思则不同，他把器官扩大到“人的肉体和精神两方面的全部本质力量和功能”，五官之外，思维、意志、情感在认识和掌管“人类的现实生活的活动”中都起着重要作用。朱先生由此获得启示，充分意识到美与审美活动中的心理活动和生理活动，主体与对象两方面的情况异常复杂，觉得有必要重新考虑这个问题。他用大量中外文艺的事实证明，审美活动涉及复杂的生理、心理活动。这是朱先生在以实践为基础的主体与客体、人与自然协调统一的更高理论层次上所作的批判和综合，体现了朱先生在人的整体观基础上展开其美感理论的独特创造。

回味思考

1.谈“美”为什么要从“人”谈起？

2.如何理解“艺术作品必须向人这个整体说话”？

3.为什么说作为审美主体的人是一个整体？

好词收藏

相依为命　偷梁换柱　深思熟虑　始作俑者　首屈一指

好句积累

◔ 谈美，我得从人谈起，因为美是一种价值，而价值属于经济范畴，无论是使用还是交换，总离不开人这个主体。

◔ 生活是人从实践到认识，又从认识到实践的不断反复流转的发展过程。

◔ 康德自己承认英国经验派怀疑论者休谟把他从哲学酣梦中震醒过来，但他始终没有摆脱他的“超验理性”或“纯理性”。

四、关于马克思主义与美学的一些误解

名师伴你读

解放思想的目的是要解除长期加附于人们思想上的禁锢，让人们更自由、全方位地谈论美、了解美，但思想的武装不能解除，即不能完全抛开马克思主义思想去谈美，因为马克思主义思想是我们了解美、认识美的工具和手段。马克思主义提倡“认识来自实践”，要弄通马克思主义美学的完整体系，就需要完整地、认真地去学习马克思主义理论，而不是泛泛而谈人云亦云。

朋友们：

前信提到马克思关于人的全面发展的整体看法。在说明这个看法之前，先要瞭望一眼马克思主义与美学这个总的局势以及对这个问题的一些流行的误解。

头一个基本问题是：我们如果不弄通马克思主义，是否也可以研究美学？我想，口头上大概是没有人会说研究美学用不着马克思主义的。但是口头上承认，不等于实际上就认真去做。我们提倡“解放思想”，但不能从马克思主义思想中“解放”出来。搞文艺理论的人满街走，是不是所有的人都在认真钻研马克思主义呢？这是值得注意的一个问题。不肯钻研的人有很多借口，其中之一就是马克思主义创始人并没有写过

阐释

在改革开放的大时代背景下，口头上人人都认为研究美学需要马克思主义，但这只是表面，更重要的是需要解放人的思想，从行动上去认真钻研马克思主义理论。

一部美学或文艺理论的专著，说不上有一个完整的美学体系。关于这一点，待以后信中再谈。此外林彪、“四人帮”横行时期，打着马克思主义大旗来反对马克思主义，严重破坏了我们的学风，至今余毒犹存，也影响了一些同志的学习热情。还有些真心实意要想运用马克思主义来搞美学的同志，有时也会误入与马克思主义背道而驰的道路上去。比如，片面强调美的客观性，坚持美与主观思想感情无关，硬说形象思维是子虚乌有，闭口不敢谈人性论、人道主义和人情味，等等。在学会就具体问题进行具体分析的马克思主义的科学方法之前，简单化总是走抵抗力最弱的道路。

我自己经常就这个问题进行反省，还是不敢打保票，保证自己已免疫了。柏拉图、康德、黑格尔和克罗齐这些唯心主义的美学大师统治了我前大半生的思想，先入为主，我怎么能打这种保票呢？不过有一点我现在是确信不移的，这就是：研究美学如果不弄通马克思主义，那就会走入死胡同。有人会问：你的那些祖师爷，柏拉图、康德、黑格尔等都没有接触到马克思主义，不是在美学上都有很高的造诣吗？我回答说：他们行，我们现在可不行！理由很简单。历史在进展，我们和他们处在不同时代和不同类型的社会。他们的现实生活不是我们的现实生活，我们所要解决的问题和所凭借的物质基础、思想资料和他们的已大不相同。马克思主义在今天已掌握了广大群众，工人阶级已成了主宰世界的力量。我们已进入了大工业时代，我们的文艺的服务对象是广大的劳动人民而不是少数有闲阶级和精神贵族；我们的文艺媒介已经发展到电影和电视而不仅仅是书本、小剧场或小型展览。现在全世界各民族之间的文化交流已比过去远为广泛而迅速，没有哪一个民族可以“闭关自守”。凡此种种都说明历史在前进。马克思主

阐释

作者在此描写的是没有从马克思主义思想中解放出来的另一类人，他们没有全面、客观地学习马克思主义思想，而是片面、有选择性地学习，这就使得他们的思想与真正的马克思主义思想南辕北辙。

阐释

时代在变化，我们所面对的社会、所要解决的问题以及解决问题所凭借的基础均和以前大不相同，作者这样说既说明了一些人对自己从唯心主义转变到马克思主义的误解，也表明马克思主义确实是现今社会必须要走的路。

反问

这一强有力的反问更加突出强调了现今社会所有的科学研究都不能抛开马克思主义。

义的诞生和传播，社会主义国家的兴起和发展都标志着人类历史上的一个空前重大的转折点，难道今天进行任何部门的科学研究，能抛开马克思主义吗？就我个人说，尽管我很晚才接触到马克思主义，近二十年来一直还在摸索，但已感觉到这方面的学习给我带来了新生，使我认识到对我的那些唯心主义祖师爷也要运用辩证唯物主义和历史唯物主义进行分析批判，去伪存真，批判继承，为我所用，而决不能亦步亦趋地走他们的老路，走老路就是古人所说的“刻舟求剑”，总不免劳而无功。在踏上四个现代化的新的征途上，全国人民意气风发，形势一片大好，眼看经济高涨会带来科学文化的高涨。我对马克思主义美学在我国的宏大远景抱有坚定不移的信心，下定决心要趁余年尽一点绵薄的力量。我不一定亲身就能看得到这种宏大远景的到来，但是深信广大的新生力量一定会同心协力地沿着马克思主义的光明大道，把美学这把火炬传递下去，胜利终究是属于我们的！

比喻

把散见于各个选本中的马克思主义美学思想比作专题的鸽子笼，表明马克思主义创始人是有完整的美学体系的，只是现在的选本都按照自己的需要把马列主义的完全体系割裂开来，只选择对自己有用的片段，但是这并不能说明马列主义没有完全的美学体系。

第二个问题是上文已提到的，马克思主义创始人没有写过一部美学或文艺理论专著，是否就没有一个完整的美学体系呢？写过或没有写过美学专著，和有没有完整的美学体系并不是一回事。马克思主义创始人没有写过美学专著，这是事实；说因此就没有一个完整的美学体系，这却不是事实。某些人有这种误解，和《马克思恩格斯论文艺》的选本有关。选本对于普及马列文艺思想和帮助初学者入门，应该说还是有点用处的。但目前流行的几种选本有个共同的毛病：就是划了一些专题的鸽子笼，把马克思主义创始人的论著整章整段地割裂开来，打散了，把上下文的次第也颠倒过来了，于是东捡一鳞，西拾一爪，放进那些专题鸽子笼里去，这样支离破碎，使读者见不到一部或一篇论著的整体和前后的内在联系。这样怎么还能见出马列主义的完全体系呢？这类选本之中也有比较好的，例如较早的东德利夫席茨（Lifschitz）的《马克思恩格斯论艺术》（有中译本）和苏联国家出版社编的较简赅的《马克思恩格斯论文学》。编得最坏的是俄文本《马克思恩格斯论艺术》（也有中译本），其中一开始便是“艺术创作的一般问题”，用大量篇幅选些关于“革命悲剧”“现实历史中的悲剧和喜剧”“黑格尔的美学”等方面论著，仿佛这些就是艺术理论中的首要问题。至于真正的首要问题——辩证唯物主义和历史唯物主义，反降到次要地位，选目也很零碎。例如马克思的《关于费尔巴哈的提纲》这样对马克思主义的实践观点特别重要的文献竟没有入选。我们自己根据这类选本编的《马克思恩格斯论文艺》也有同样的毛病却分量更单薄，而各大专院校所经常讨论的项目就更单薄，注意力往往集中到评论具体作者和具体作品的几封信上去。从这些零星片面的资料来看，当然很难看得出马克思主义创始人已经有一套完整的美学体系了。

问题还在于什么才是美学体系？已往的美学大师没有哪一位没有完整的体系，唯心的或是唯物的，形而上学的或是辩证的。单拿马克思来说，美学在他的整个思想大体系中只是一个小体系。小体系是不能脱离大体系来理解的。马克思主义大体系就是辩证唯物主义和历史唯物主义，以及从此生发出来的认识来自实践的基本观点。实践是具有社会性的人凭着他的“本质力量”或功能对改造自然和社会所采取的行动，主要见于劳动生产和社会革命斗争。应用到美学里来说，文艺也是一种劳动生产，既是一种精神劳动，也并不脱离体力劳动；既能动地反映自然和社会，也对自然和社会起改造和推进作用。作为一种意识形态，文艺归根到底要受经济基础的决定作用，反过来又对经济基础和政法的上层建筑发生反作用。

读书笔记

举例子

马克思的美学思想属于他整个思想体系的一部分，因而要理解他的美学思想就必须将其放在整体之中来理解。作者以马克思为例，来说明美学体系与哲学家的思想体系是密不可分的。

阐释

从马克思主义哲学的实践理论出发,作者认为文艺必须是主客观的统一,这是他美学思想的核心。

反问

这一反问有力地突出了马克思主义美学的完整体系是蕴含在其整个思想体系中的,要理解马克思主义美学的完整体系就要认真学习马克思主义理论。

讽刺

作者用"全家福"一词尖锐地讽刺了那些错误地认为选本中支离破碎的马克思主义美学就是马克思主义的全貌的人。

人与自然(包括社会)决不是两个互不相干的对立面,而是不断地互相斗争又互相推进的。因此,人之中有自然的影响,自然也体现着人的本质力量,这就是"人化的自然"和"人的对象化",也就是主客观统一的基本观点。从这个基本的实践观点出发,马克思既揭示了文艺的起源和性质,又追溯了文艺经过不同社会类型的长久演变,还趁便分析一些具体文艺作家和作品,从而解决了一系列文艺创作方面的重要问题,例如现实主义与浪漫主义,莎士比亚化与席勒方式,人物性格与典型环境的关系,文艺与物质媒介的关系,文艺与批判继承的关系,以及作为对需要的供应,文艺与读者、观众的关系,如此等。试问这一切还不能构成马克思主义美学的完整体系吗?对我们造成困难的是这个完整体系经过长期发展而且散见于一系列著作中的,例如从《经济学—哲学手稿》《德意志意识形态》《关于费尔巴哈的提纲》《政治经济学批判》直到《剩余价值论》《资本论》和一系列通信。要说体系,马克思主义美学体系比起过去任何美学大师(从柏拉图、亚里士多德到康德、黑格尔和克罗齐)所构成的任何体系都更宏大,更完整,而且有更结实的物质基础和历史发展的线索。我们的困难就在于要掌握这个完整体系,就非亲自钻研上述一系列的完全的经典著作不可。这是一条曲折而又崎岖的道路,许多马克思主义美学信徒都没有勇气战胜困难而妄想找"捷径",于是语录式的《马克思恩格斯论文艺》之类支离破碎的选本就应运而起。人们就认为这些选本已把马克思主义美学的山珍海味烹调成了一盘"全家福",足供我们享受而有余了。专靠"吃现成饭"过活的人生活就不会过得好。要弄通马克思主义美学的完整体系,就不但要亲口咀嚼,不要靠人喂,而且还要亲自费力去采集原料,亲手去烹调,这样吃下去才易消化,才真正地受用。

宇宙是一个整体，人类社会和自然界也是一个整体，自然科学和社会科学也日渐构成一个整体。“荷叶藕，满塘转”，互相因依，牵一发即动全身。所以我们决不能把美学看成一门独立自足的科学，把门关起来靠“自力更生”。有些立志要搞美学的人既不学哲学，又不学历史，又没有文艺实践经验，连与美学密切相关的心理学、社会学、文学史、艺术史、语言学乃至宗教神话之类也不想问津，甚至对当前文艺动态也漠不关心，而关起门来“深思默索”，玩弄概念游戏，像蜘蛛一样，只图把肚子里的丝吐出来，就结成一面包罗万象的大网。这是妄想！只学马克思主义而不学其他，也决学不通马克思主义。美学也是如此。试想一想马克思在指导工人运动之外，还积蓄了多么渊博的学识！而且还写出那么多的不朽著作！学马克思主义也好，学马克思主义美学也好，首先要学习马克思的这种认真刻苦、勇猛前进的精神。

目前我们都还有一个外语难关要破。试想一想，马克思、恩格斯和列宁之中哪一位不精通几种外语，不但能用外语阅读，而且能用外语写作。为什么学习美学也要攻克外语难关？因为学会外语，才能掌握不可缺少的资料。马克思、恩格斯在《共产党宣言》里就已指出，在世界市场既已形成的资本主义时代：

> ……过去那种地方的民族的自给自足和闭关自守状态，被各民族的各方面的互相往来和各方面的互相依赖所代替了。物质的生产是如此，精神的生产也是如此。各民族的精神产品成了公共的财产。民族的片面性和局限性日益成为不可能，于是由许多种民族的和地方的文学形成了一种世界文学(《马

引用

作者意在说明美学是和其他社会科学、自然科学相互交织在一起的，要学习美学，就要把它和其他科学打通，不能闭门造车。

比喻

作者把那些闭门造车的人比作蜘蛛，以此讽刺他们以为自己肚子里的一点知识就是全部。

阐释

随着世界各地间的联系和交往日益密切，文化越来越成为国与国之间竞争的一个重要部分。作者在此引用《共产党宣言》中的这段话，旨在说明要想学习一国的文化，就要从语言入手。

克思恩格斯选集》第1卷，第255页，人民出版社1972年版）。

这里“文学”一词原文是Literatur，原指“文献”，包括各门学问的资料，当然也包括文学艺术方面的资料。搞一门科学，先要占领它的主要资料（书本的和实地调查的）。无论是马克思主义经典论著，还是美学论著，我们已占领的资料实在贫乏得可怜。我经常接到许多青年美学爱好者来信托我买书寄资料，我体会到他们的难处，但是我也无法可设，常叫他们失望，我感到这是很大的精神负担。不但他们，我自己近二三十年来在资料方面也长久与世隔绝，真是束手无策，坐井观天。近来我又在重新摸索二十多年前就已摸索过的马克思在一八四四年写的而在一九三二年才在柏林出版的《经济学—哲学手稿》，因为这部手稿对学习马克思主义美学是必不可少的。我仍经常遇到困难。我找了两部中译本来读，想得些帮助。可是原来没有懂的还是不易搞懂，而且发现译文比原文还更难懂，一则对原文误解不少，二则中文也嫌拖沓生硬。因此我更感到外语这一关必须攻破，中文也还有研究的必要。作为练习，我就从这部手稿中关键性的两章自己摸索着译，译出来自己还是不满意，不过对原文比过去似懂得多一点，工夫还不是白费的。我也趁此摸了摸这方面的资料的底，才知道近三十年来全世界马克思主义研究者都在对这部手稿进行着热烈的争论，西方已出的书刊就有无数种，而我却毫无所知。科学资料工作我们实在太落后了，科学研究工作怎么能搞得上去呢？听说社会科学院有关部门也在研究这部手稿和翻译介绍有关的资料，我祝愿这项工作早日成功，把译出的资料公开发行。

阐释

“束手无策”表现出作者对自己长期缺乏一手文献资料的无奈，“坐井观天”更是长期缺少资料而导致的严重后果。这句话表现出作者对一手文献资料的渴求。

阐释

作者在八十岁高龄时做科学研究依然本着求真、求实的原则，力求接近原文本，为青年人树立了学习的榜样。

拓展阅读

名师点拨

朱光潜先生运用马克思主义原理批判、改造自己过去的唯心主义美学，经历了一个漫长的历史过程。粗略地说，他主要侧重认识论，把美、美感当作认识对象来处理。在此，朱光潜先生重申他对马克思主义的信仰，郑重提出“我们提倡‘解放思想’，但不能从马克思主义思想中‘解放’出来”。针对“马克思主义创始人并没有写过一部美学或文艺理论的专著，说不上有一个完整的美学体系”等一些误解，朱光潜先生说，构成马克思主义美学的这个完整体系是长期发展而且散见于一系列著作中的。要想掌握马克思主义的美学体系，就要认认真真地学习马克思主义理论。由此观之，朱先生到八十年代已经从接触、学习、接受直到心悦诚服地信仰马克思主义了。

回味思考

为什么说要研究马克思主义美学必须先弄懂马克思主义？

好词收藏

子虚乌有　闭关自守　坚定不移　支离破碎　与世隔绝

好句积累

◔ 实践是具有社会性的人凭着他的“本质力量”或功能对改造自然和社会所采取的行动，主要见于劳动生产和社会革命斗争。

◔ 要弄通马克思主义美学的完整体系，就不但要亲口咀嚼，不要靠人喂，而且还要亲自费力去采集原料，亲手去烹调，这样吃下去才易消化，才真正地受用。

五、艺术是一种生产劳动

名师伴你读

在文艺活动中，不管是创作还是欣赏，都同样离不开人的活动。艺术和美并不是起源于某个概念，而是起源于劳动生产，起源于日常生活中极其平凡甚至卑微的事物。

读书笔记

阐释

照朱先生的理解，马克思主义唯物史观最基本的观点是认识来源于实践。

朋友们：

前两信收尾时曾谈到马克思的辩证唯物主义彻底解决了人与自然、主体与客体、心与物这些对立面的统一，现在就单从艺术方面来看这种辩证统一是如何通过劳动来实现的。艺术是一种生产劳动，是精神方面的生产劳动，其实精神生产与物质生产是一致的，而且是互相依存的。我们的根据主要是马克思的《经济学－哲学手稿》《资本论》第一卷里关于“劳动”和恩格斯的《自然辩证法》中关于“从猿到人”的论述。

在《经济学－哲学手稿》里，马克思要论证人类何以必然要废除资本主义社会的私有制，才能达到共产主义。他是从劳动者及其劳动来看这个问题的。在私有制之下，一切财富都是由劳动者生产出来的，而劳动者却不但被剥夺去他的生产资料、生活资料和劳动产品，而且还被剥夺去他作为社会人的“本质力量”或固有才能，沦为机器零件，沦为商品，过着非人的生活。马克思把这种情况叫作“异化”。要彻底废除私有制，才能彻底消除这种“异化”，才能进入共产主义。马克思给真正的共产主义下了一个意义深远的定义：

> 共产主义就是作为人的自我异化的私有制的彻底废除，因而就是通过人而且为着人，来真正占有人的本质。所以共产主义就是人在前此发展出来的全部财富范围之内，全面地自觉地回到人自己，即回到一种社会性的（人性的）人的地位。这种共产主义作为完善化的（“完善化的”，即“充分发展的”，“彻底的”）。自然主义，就等于人道主义；作为完善化的人道主义也就等于自然主义。共产主义就是人与自然之间和人与人之间的对立冲突的真正解决，也就是存在与本质，对象化与自我肯定，自由与必然，个体与物种之间纠纷的真正解决。共产主义就是历史谜语的解决，而且认识到自己就是这种解决（本篇所引《经济学—哲学手稿》《资本论》和《自然辩证法》三部经典著作的译文都根据德文版重新作了校正，书中不再一一注明中译本页码）。

这是辩证唯物主义的一个较早的提法，是贯串的全部手稿中的一条红线。马克思在下文又就人与社会的关系作了补充：

> 自然中所含的人性的本质只有对于社会的人才存在；因为在社会里，自然对于人才作为人和人的联系纽带而存在——他为旁人而存在，旁人也为他而存在——这是人类世界的生活要素（“要素”，

阐释

按照马克思的理解，当人类社会发展到共产主义，人与自然之间的对立冲突才能真正得到解决，人与自然双方都在这个历史过程中得到充分发展。

阐释

马克思认为，只有废除造成人的异化的资本主义私有制，才能达到共产主义。人类社会发展到共产主义，人与自然之间的冲突才能真正得到解决，人与自然双方都在这个历史过程中得到充分发展。

即“基本原则”)。只有这样,自然才作为人自己的人性的存在的基础而存在。只有这样,对人原是自然的存在才变成他的人性的存在,自然对于他就成了人。因此,社会就是人和自然的完善化的统一体——自然的真正复活——人的彻底的自然主义和自然的彻底的人道主义。

阐释

按照马克思的理解,人的“本质力量”在改造自然,使自己在“对象化”的过程中也改造了自己,使自己的“自然”进一步人化,成为“人化的自然”。

从此可见,人道主义与自然主义的辩证统一含有两点互相因依的要义:人之中有自然,自然之中也有人。人得到充分发展要靠自然得到充分发展,自然得到充分发展也要靠人得到充分发展。自然是人的肉体食粮和精神食粮的来源,是人的生产劳动的基础和手段。人在劳动中才开始形成社会。生产劳动就是社会性的人凭他的本质力量对自然的加工改造。在这过程中,自然日益受到人的改造,就日益丰富化,就成了“人化的自然”;人发挥了他的本质力量,就是肯定了他自己,他的本质力量就在改造的自然中“对象化”了,因而也日益加强和提高了。这就是人在改造自然之中也改造了自己。人类历史就这样日益进展下去,直到共产主义,人和自然双方都会得到充分发展,这就是“人的彻底的自然主义和自然的彻底的人道主义”的辩证统一。

阐释

作者强调,共产主义的“人的彻底的自然主义和自然的彻底的人道主义”的辩证统一,是贯穿《手稿》和马克思成熟期著作《资本论》中论“劳动”的核心思想。对此作者也认为它们实际上为美学和艺术奠定了马克思主义哲学基础。

中国先秦诸子有一句老话:“人尽其能,地尽其利。”“人尽其能”就是彻底的人道主义,“地尽其利”就是彻底的自然主义。不过这句中国老话没有揭示人与自然的统一和互相因依,只表达了对太平盛世的一种朴素的愿望。马克思却不仅揭示了人与自然的统一,而且替共产主义奠定了一个稳实的哲学基础,实际上也替美学和艺术奠定了一个马克思主义的哲学基础。就是在讨论人与自然的统一时,马克思提出了“美的规律”，我们不妨细心研究一下马克思的原话：

> 通过实践来创造一个对象世界，即对有机自然界进行加工改造，就证实了人是一种存在……动物固然也生产，它替自己营巢造窝，例如蜜蜂、海狸和蚂蚁之类。但是动物只制造它自己及其后代直接需要的东西，它们只片面地生产，而人却全面地生产；动物只有在肉体直接需要的支配之下才生产，而人却在不受肉体需要的支配时也生产，而且只有在不受肉体需要的支配时，人才真正地生产；动物只生产动物，而人却再生产整个自然界；动物的产品直接联系到它的肉体，而人却自由地对待他的产品。动物只按照它所属的那个物种的标准和需要去制造，而人却知道怎样按照每个物种的标准来生产，而且知道怎样到处把本身固有的标准运用到对象上来制造，因此，人还按照美的规律来制造。

从这段重要文献可以看出以下几点：

一、精神生产和物质生产的一致性。人通过劳动实践对自然加工改造，创造出一个对象世界。这条原则既适用于工农业的物质生产，也适用于包括文艺在内的精神生产。这两种生产都既要根据自然，又要对自然加工改造，这就肯定了文艺的现实主义，排除了文艺流派中的自然主义。

二、人不同于动物在于人有自意识（自觉性）。他意识到自己就是人类一个成员，而且根据这种认识来生产。动物只在受肉体直接需要的支配之下片面地生产，人却是根据人类的深远需要全面地自由地生产。这就肯定了文艺的广阔题材

读书笔记

阐释

因为两种生产都既要根据自然，又要对自然加工改造，创造一个对象世界。文艺中的现实主义由此得到肯定，文艺流派中的自然主义就需要排除。

和社会功用。具体的实例是蜜蜂营巢和建筑师仿制蜂房的分别。

三、"人还按照美的规律来制造。"人的生产无论是精神的还是物质的，都与美有联系，而美有美的规律。这句话前面有"因此"连接词，足见是总结全段上文。"此"显然指上文所列的两条：一条是"人知道怎样按照每个物种的标准来生产"。标准就是由每个物种的需要来决定的规律。动物只按自己所属的那个物种的直接需要来制造，例如蜂营巢，人却全面地自由地生产，能运用每个物种的标准，例如建筑师既能仿制蜂巢，又能建造高楼大厦和其他工程。这就是前一条的要求。另一条比前一条更进了一步，"人知道怎样到处把本身固有的标准运用到对象上去来制造"。这本身固有的标准是属于对象的，也就是根据对象本身固有的规律。恩格斯论述"从猿到人"时说："我们对自然界的整个统治，是在于我们比一切其他动物强，能够认识和正确运用自然规律。"马克思所说的"对象本身固有的规律"也就是恩格斯所说的"自然规律"。就文艺来说，这就涉及认识整个客观世界和人们所曾探讨的文艺本身的各种规律。可见"美的规律"是非常广泛的，也可以说就是美学本身的研究对象。

马克思在《经济学–哲学手稿》里还说过："人是用全面的方式，因而是作为整体的人，来掌握他的全面本质。"这个"人的整体"观点也是文艺方面的一条基本规律。"本质"有时也叫作"本质力量"，究竟是些什么呢？马克思举例如下：

> 视，听，嗅，味，触，思维，观照，情感，意志，活动，生活，总之，人的个体所有的全部器官，以及在形式上属于社会器官（"社会器官"，即交流思想情感的

阐释

蜜蜂营巢只按自己所属物种的直接需要来生产，人能运用每个物种的标准，又知道怎样把本身固有的标准运用到对象身上来制造，因此，"人还按照美的规律来制造"。

阐释

在作者看来，"人的整体"一方面指用人的整体的辩证有机观重新审视艺术与审美活动中的重大问题，例如美与美感中的生理和心理活动等问题；另一方面，指向共产主义社会的全面发展的自由人，这也是他的体系的最终归宿。

器官，主要指语言器官）。一类的那些器官，都是针对着对象，要占领或掌管该对象，要占领或掌管人类的现实界，它们针对对象的活动就是人类的现实生活的活动。

过去心理学只把视、听、嗅、味、触叫作“五官”，每一种器官管一种感觉。马克思把器官扩大到人的肉体和精神两方面的全部本质力量和功能。五官之外他还提到思维，意志，情感（在另一段还提到“爱情”）。器官的功用不仅在认识或知觉，更重要的是“占领或掌管人类的现实界”的“人类现实生活的活动”。这就必然要包括生产劳动的实践活动，其中包括艺术

阐释

朱先生由此获得启示并充分意识到美与审美活动中的心理活动和生理活动，主体与对象两方面的情况异常复杂，觉得有必要重新考虑这个问题。

引用

作者援引马克思的这句话意在阐明人的肉体和精神两方面的器官都是在长期历史发展中由实践经验逐渐形成的。

疑问

作者在此提出的两个问题是理解美学中的"美"的关键问题,为下文的讨论作铺垫。

和审美活动。各种感官都是在长期历史发展中由实践经验逐渐形成的。"各种感官的形成是从古到今全部世界史的工作成果。"

举听觉为例,马克思说过:

> 正如只有音乐才能唤醒人的音乐感觉,对于不懂音乐的耳朵,最美的音乐也没有意义,就不是它的对象,因为我的对象只能是我的本质的表现。

这两句极简单的话解决了美和美感以及美的主观性或客观性的问题。上句说音乐美感须以客观存在的音乐为先决条件,下句说音乐美也要靠有"懂音乐的耳朵"这个主观条件。请诸位想一想:一、美单是主观的,或单是客观的吗?二、美能否离开美感而独立存在呢?想通了这两个问题,许多美学上的问题就可迎刃而解了。

马克思的《资本论》是他的思想成熟时期的主要著作,它是否就已抛弃了《经济学—哲学手稿》的一些基本论点呢?我们现在就来研究一下《资本论》第一卷第三篇第五章中马克思对"劳动过程"所作的著名的总结,其中关键性段落如下:

> 劳动首先是人和自然都参加的一种过程,在这种过程中,人凭自己的活动作为媒介,来调节和控制他跟自然之间的物质交换。人自己也作为一种自然物质来对待自然物质。他为着要用一种对自己生活有利的方式去占领自然物质,于是发动肉体的各种自然力,例如肩膀、腿以及头和手。人在通

过这种运动对自然加工改造之中，也就在改造他本身的自然（本性），促使他的原来睡眠着的各种潜力得到发展，并且服从他的控制。我们在这里讨论的不是原始动物的本能的劳动，现在的劳动是由劳动者拿到市场上出卖的一种商品，和原始动物的本能劳动的情况已隔着无数亿万年了。我们现在谈的是人类所特有的那种劳动。蜘蛛结网，颇类似织工纺织；蜜蜂用蜡来造蜂房，使许多人类建筑师都感到惭愧。但是就连最拙劣的建筑师也比最灵巧的蜜蜂要高明，因为建筑师在着手用蜡来造蜂房之前，就已经在头脑里把那蜂房构成了。劳动过程结束时期取得的成果在劳动过程开始时就已存在于劳动者的观念中了，已经以观念的形式存在着了。他不仅造成自然物的一种形态改变，同时还在自然中实现了他所意识到的目的。这个目的就给他的动作的方式和方法规定了法则（或规律）。他还必须使自己的意志服从这个目的。这种服从并不仅在一些零散动作上，而是在整个劳动过程中各种劳动器官都要紧张起来，此外还要行使符合目的的意志，具体表现为集中注意（聚精会神）。劳动的内容和进行方式对劳动者（须有吸引力）（括号中内容是为了读起来通顺而加入的。——引者注），吸引力愈少，劳动者就愈不能从劳动中感到运用肉体和精神两方面的各种力量的乐趣，同时也就愈需要加强集中注意。

这段引文有以下几个要点值得特别注意：

阐释

从马克思这个基本的实践观点看，艺术也是一种生产劳动，是精神方面的生产劳动。艺术中的人与自然、主观与客观的辩证统一也必须从劳动着眼才能实现。

阐释

劳动者在劳动中感到运用肉体和精神两方面的力量的乐趣，"乐趣"就是由劳动首先引起的美感，所以说艺术起源于劳动。

一、开宗明义就指出"劳动首先是人和自然都参加的一种过程",说明主体和客体都不可偏废。人在劳动过程中改造了自然也改造了自己。这还是贯串在《经济学—哲学手稿》中的人道主义与自然主义统一那条红线。

二、这里沿用了蜜蜂造蜂房的例证来重申人的自觉性。人与动物的分别在人在劳动生产之前心里已先有蓝图，有了观念(Ldee,即"意象")和目的(生产品的功用),而这个目的就规定了动作的方式和方法的法则(规律),即《经济学—哲学手稿》中"物种标准"和对象"本身固有的规律"。成品出产以前先以观念或意象(蓝图)的形式存在脑里,这就肯定了形象思维。

三、这里重申了各种劳动器官的全面合作，都要紧张起来,这就表现为"注意"或"聚精会神"。能引起"注意"和"紧张"就说明劳动的内容和方式都有吸引力,使劳动者在劳动中感到发挥全身本质力量的"乐趣"。这"乐趣"就是美感。美感首先是由生产劳动本身引起的。所以说,艺术起源于劳动。

《经济学—哲学手稿》和《资本论》里的论"劳动"对未来美学的发展具有我们多数人还没有想象到的重大意义。它们会造成美学领域的彻底革命，我们只消回顾一下已往统治西方美学的从康德到克罗齐那一系列的唯心主义大师的论点，把它们和马克思主义的论点细心比较一下,便会明白这个道理。

《资本论》里关于"劳动"的论述足以证明马克思在成熟时期并没有放弃《经济学—哲学手稿》中的一些基本论点。能证明这一点的还有恩格斯的《自然辩证法》中的关于"从猿到人"的论述。这篇一八七六年才写成的论文是《经济学—哲学手稿》的最透辟的阐明和进一步的发挥。文字较通俗易读,读者如果细心对照一下,便会看出它和《经济学—哲学手稿》是一脉相承的。

阐释

最拙劣的建筑师比最灵巧的蜜蜂高明，是因为建筑师在造蜂房之前，成品已经以观念或意象的形式存在于脑中，形象思维因而得到肯定。

阐释

在作者看来,艺术也是一种生产劳动,是精神方面的生产劳动。艺术中的人与自然、主观与客观的辩证统一也必须从劳动着眼才能实现。

恩格斯也是从生产劳动来看人和社会发展的。他一开始就说："劳动和自然界一起才是一切财富的源泉，……它是整个人类生活的第一基本条件，……劳动创造了人本身。"在人本身各种器官之中恩格斯特别强调了人手、人脑和语言器官的特殊作用。人手在劳动中得到高度发展，到能制造劳动工具时，手才"变得自由"，"所以人手不仅是劳动的工具，它还是劳动的产物"。人手在长期历史发展中通过劳动愈来愈完善，愈灵巧：

> 在这个基础上人手才能仿佛凭着魔力似的产生了拉斐尔的绘画，托尔瓦德森的雕刻以及帕格尼尼的音乐。

这个实例就足够生动地说明艺术起源于劳动了。

恩格斯还根据达尔文的生长关联律，证明手不是孤立的，手的改变也引起脚和其他器官的改变。人脚能直立，行动更方便，人的眼界也扩大了，在自然事物中不断发现新的属性了。劳动的发展必然促进人与人的互助协作，"到了彼此间有些什么非说不可了"，这就产生了语言的器官。语言是从劳动中并和劳动一起产生出来的。不但人，就连某些动物（如鸟），也能学会一种语言，从此就获得"依恋、感谢等表现情感的能力"了。"首先是劳动，然后是语言和劳动一起，成了两个最主要的推动力，使人的脑髓及其所统辖的各种器官一齐发展起来，日渐趋于完善化，从而人的意识也愈来愈清楚，抽象能力和推理能力也日渐发展起来了。等到人完全形成，就产生了社会这个新因素，作为一种有力的推动力，同时也使人的行动有更确定的方向。"

引用

作者援引恩格斯的话意在说明艺术的起源在劳动，劳动使美的主客观统一在一起。

阐释

在作者看来，恩格斯说的在长期历史发展中愈益完善、精巧的人手"仿佛凭着魔力似的产生拉斐尔的绘画、托尔瓦德森的雕刻以及帕格尼尼的音乐"，也生动地说明艺术的起源在劳动。

阐释

作者在这里十分清晰地阐明了语言和劳动对人和社会的重要性。

这里说的“社会”不是本能式的社会性，而是有组织的形成制度的团体。有了社会，“人有能力进行愈来愈复杂的活动，提出和达到愈来愈高的目的”，劳动本身也日益多样化和完善化。游牧打猎之外又有了农业，商业，手工业和航行术。接着恩格斯对社会发展史作了简括的叙述：

阐释 恩格斯对社会发展史的阐述说明了劳动的日益多样化和完善化对社会发展作出了重要贡献，同时也从侧面说明劳动对反映现实的艺术的重要性。

> 同商业和手工业一起，最后出现了艺术和科学，从部落发展成了民族和国家。法律和政治发展起来了，而且和它们一起，人的存在在人脑中的幻想的反映——宗教，也发展起来了。

由于这些意识形态都“首先表现为头脑的产物”，头脑似乎是统治着人类社会的东西，手所制造的东西就退到次要地位，手的活动便仿佛只是执行脑所计划好的劳动，人们便习惯于把全部文明归功于脑的活动即思维的活动，这样就产生了唯心主义世界观，认识不到劳动在社会发展中所起的作用了。

阐释 恩格斯主张唯物主义，强调物质和实践，但恩格斯也承认人的重要性，认为人在自然中占统治地位。

恩格斯尽管指出唯心主义世界观使存在与思维的关系本末倒置，却也丝毫不贬低人在统治自然之中思维所起的巨大作用，他拿人和动物比较说：

> 但是人离开动物愈远，他们对自然界的作用就愈带有经过思考的，有计划的，向着一定的和事先知道的目标前进的特征。

此外，人统治自然的能力也远比动物大：

> 动物仅仅利用外部自然界……而人则通过他所

作出的改变来使自然界为他的目的服务,来支配自然界,这便是人同其他动物的最后的本质的区别所在,而造成这一区别的还是劳动。

……我们对自然界的整个统治,是在于我们比其他一切动物强,能够认识和正确运用自然规律。

阐释

恩格斯在这里阐明了人比动物统治能力强的一个重要原因就在于人能够认识并正确运用自然规律。

人愈正确地理解自然规律,也就愈会认识到:

人自身和自然界的一致,而那种把精神和物质,人类和自然,灵魂和肉体对立起来的荒谬的反自然的观点,也就愈不可能存在了。

这是一个极其重要的结论,这正是马克思在《经济学—哲学手稿》里所作出的人道主义与自然主义的统一那个结论。从此可以见出认为《经济学—哲学手稿》的基本观点已过时以及“美纯粹是客观的”之类说法是多么“荒谬和反自然”了。

拓展阅读

名师点拨

照朱先生的理解,马克思主义唯物史观最基本的观点是认识来源于实践。所谓“实践”就是具有社会性的人凭着他的“本质力量”或功能对自然和社会的加工改造,即生产劳动,它既包括物质方面的生产劳动也包括精神方面的生产劳动,人和自然、主体和客体、心与物以劳动实践为中介实现了对立面的辩证统一。

我们欣喜地发现,这时的朱先生已不满足于、不限于用马克思主义的基本观点、方法去清理、批判自己过去的思想和历史上形形色色的唯心主义美学观点，而是试图从马克思的实践哲学观出发,对自己原先带有唯心主义色彩的对具体的艺术与审美活动问题的解释作了全新的阐释,并应用于其主客体统一的理论框架中。

经过朱先生对马克思恩格斯经典著作的独到、精妙的发掘、阐释、发挥,一系列重大的美学问题,包括美、审美与艺术理论问题都在“生产劳动”论的统摄下得到比较合理的解释。虽然后期著作在体系的严密性和系统性上不如前期,但就连朱先生自己也自信,后期著作的启发性决不逊色于前期。提出问题有时比解决问题更重要。朱先生独立而富有创造性的解释为我国美学界建设马克思主义美学体系做出了可贵的尝试和贡献。

回味思考

1.为什么说艺术是一种生产劳动？谈谈你的理解。

2.按照马克思的理解,“实践”和“自然”分别是什么意思？

3. 为什么说精神生产和物质生产存在一致性呢？谈谈你的理解。

好词收藏

剥夺　奠定　仿制　迎刃而解　回顾　阐明　灵巧　完善

好句积累

◔ 恩格斯还根据达尔文的生长关联律,证明手不是孤立的,手的改变也引起脚和其他器官的改变。

◔ 有了社会,“人有能力进行愈来愈复杂的活动,提出和达到愈来愈高的目的”,劳动本身也日益多样化和完善化。

六、冲破文艺创作和美学中的一些禁区

名师伴你读

“四人帮”统治时期，文艺创作和美学中的禁区是“人性论”“人道主义”“人情味”和“共同美感”。在朱光潜先生看来，人性是普遍存在的，是人作为人的自然本性。

朋友们：

我国从解放以来，在党的百花齐放、推陈出新的方针指引下，文艺才获得了新生，在短短的三十年之中，出现了前所未有的繁荣景象。不过，发展的道路向来是崎岖曲折的，在这三十年之中，我们不断受到左的和右的干扰，特别是林彪和“四人帮”对文艺界施行法西斯专政长达十年之久，对文艺创作和理论凭空设置了一些禁区，强迫文艺界就范，因而造成了万马齐喑的局面。今天，一场马克思主义的思想解放运动正在深入展开，形势是很好的；但有些同志面对着过去形成的一些禁区仍畏首畏尾，裹足不前。这种徘徊观望状态是和四个现代化的步伐不合拍的。让我们运用马克思主义的思想武器一起来冲破禁区吧。

要冲破的究竟有哪些禁区呢？

阐释

“畏首畏尾”和“裹足不前”十分生动形象地描写出一些人思想停滞不前，面对禁区没有冲破的勇气，作者非常明确地指出这种做法是不符合时代潮流的，也是最终要被时代淘汰的。

强调

作者连用两个“否定”十分有力地说明古希腊这两句信条是毋庸置疑的,即“人性”在美学中占至关重要的位置。

一、首先就是“人性论”。什么叫作“人性”?它就是人类自然本性。古希腊有一句流行的文艺信条,说“艺术模仿自然”,这个“自然”主要就指“人性”。西方从古希腊一直到现代还有一句流行的信条,说文艺作品的价值高低取决于它模仿(表现、反映)自然是否真实。我想不出一个伟大作家或理论家曾经否定过这两个基本信条,或否定过这两个信条的出发点,尽管“人性论”在性善性恶的问题上常有分歧。我们中国过去在人性论问题上也基本上和西方一致,可是近来“人性论”在我们中间却成了一条罪状或一个禁区。特别在流行的文学史课本中说某个作家的出发点是人性论,就是对他判了刑,至少是嫌他美中不足。为什么出现了这种论调呢?据说是相信人性论,就要否定阶级观点,仿佛是自从人有了阶级性,就失去了人性,或者说,人性就不再起作用。显而易见,这对马克思主义者所强调的阶级观点是一种歪曲。人性和阶级性的关系是共性与特殊性或全体与部分的关系。部分并不能代表或取消全体,肯定阶级性并不是否定人性。在前信里,我们已经看出马克思所强调的“人的肉体和精神两方面的本质力量”便是人性,马克思正是从人性论出发来论证无产阶级革命的必要性和必然性,论证要使人的本质力量得到充分的自由发展,就必须消除私有制的。毛主席关于“人性”的阐述也很明确:

阐释

人性与阶级性是整体与部分、共性与个性的关系,作者旨在说明马克思强调部分并不等于否定整体,人性是普遍存在的。

> 有没有人性这种东西?当然有的。但是只有具体的人性,没有抽象的人性。在阶级社会里就是只有带着阶级性的人性,而没有什么超阶级的人性(《毛泽东选集》第3卷,第827页,人民出版社1967年版)。

阐释

毛泽东这段话阐明人性与阶级性的关系,为下文作者论述人性与现实主义作铺垫。

很明显，阶级性也是在人性的基础上形成的。到了共产主义时代，阶级消失了，人性不但不消失，而且会日渐丰富化和高尚化。那时文艺虽不再具有阶级性，却仍必然要反映人性，当然反映的是具体的人性。所谓“具体”，就是体现于阶级性以外的其他特性，体现于共产主义时代的具体人物和具体情节。

总之，凭阶级观点围起来的这种“人性论”禁区是建筑在空虚中的，没有结实基础的。望人性论而生畏的作家们就必然要放弃对人性的深刻理解和忠实描绘，这样怎么能产生名副其实的文艺作品呢？有不少的作家正坐此弊，因而只能产生一些田园诗式或牧歌式的歌颂和一些抽象的空洞概念的图解。要打破这种固定不变的公式，首先就要打破“人性论”这个禁区。打破这个禁区，新文艺才能踏上康庄大道。这也是“不破不立”大原则中的一个事例。

二、与“人性论”这个禁区密切相联系的还有壁垒同样森严的“人道主义”禁区。人道主义是西方文艺复兴时代作为反封建、反教会而提出来的一个口号。尽管它有时还披着宗教的伪装，但是以人道代替神道的基本思想最后终于冲破了基督教会在西方长达一千余年的黑暗统治。在法国资产阶级革命中《人权宣言》所标榜的“自由”和“平等”以及后来添上的“博爱”，就是人道主义的具体政治内容。所以人道主义在近代西方起过推动历史前进的作用，尽管后来基督教会把“博爱”这个它早已用过的口号片面地加以夸大，遂使人道主义狭窄化为“慈善主义”或“慈悲主义”，成了帝国主义对内宣扬阶级妥协、对外宣扬殖民统治的武器。总之，人道主义在西方是历史的产物，在不同时代具有不同的具体内容，却有一个总的

讽刺

人性是普遍存在的，即使阶级消失，人性也不会消失，作者在此讽刺了那些把阶级和人性的关系相互颠倒，不敢触碰“人性”的人。

阐释

人道主义源于欧洲文艺复兴时期的一种思想，提倡关怀人，尊重人，以人为中心的世界观，主张人格平等，互相尊重。近代西方基督教为了宣传教义把人道主义的概念狭隘化，仅强调对所有人博爱，这就成了帝国主义统治的武器。

核心思想，就是尊重人的尊严，把人放在高于一切的地位，因为人虽是一种动物，却具有一般动物所没有的自觉性和精神生活。人道主义可以说是人的本位主义，这就是古希腊人所说的“人是衡量一切事物的标准”，我们中国人所常说的“人为万物之灵”。人的这种“本位主义”显然有它的积极的社会效用，人自觉到自己的尊严地位，就要在言行上争取配得上这种尊严地位。一切真正伟大的文艺作品没有不体现出人的伟大和尊严的，从古代的神话、雕刻、史诗和悲剧到近代的小说和电影，都是如此。马克思不但没有否定过人道主义，而且把人道主义与自然主义的统一看作真正共产主义的体现。在美学方面，且不说贯串康德和黑格尔美学著作的都是人道主义，就连激进派车尔尼雪夫斯基也说得很明确：

阐释

马克思把人道主义与自然主义看作真正共产主义的体现意在指要顺从人性，要自觉体现人的尊严地位。

> 在整个感性世界里，人是最高级的存在物；所以人的性格是我们所能感觉到的世界上最高的美。至于世界上其他各级存在物只有按照它们暗示到人或令人想到人的程度，才或多或少地获得美的价值（《美学论文选》，第 41 — 42 页，人民文学出版社 1959 年版。译文有改动）。

为什么我们中间有些理论家特别是文学史课本的编写者，一遇到人道主义就嗤之以鼻呢？据说因为它是资产阶级货色，反资产阶级复辟，就必须反人道主义。这无异于要倒掉洗婴儿的脏水，就连婴儿也要一起倒掉。他们不但忘记了他们天天挂在口头上的马克思和车尔尼雪夫斯基，而且竟忘记了许多善良的人从林彪和“四人帮”那里所受到的惨无人道的法西斯迫害，这批人妖才是人道主义的死敌！

比喻

作者把资产阶级比作脏水，把人道主义比作婴儿，意在告诫我们做人做事要实事求是，要取其精华，弃其糟粕。

三、由于否定了人性论，“人情味”也就成了一个禁区，因为人情也还是人性中的一个重要因素。在文艺作品中人情味就是人民所喜闻乐见的东西。有谁爱好文艺而不要求其中有一点人情味呢？可是极“左”思潮泛滥时，人情味居然成了文艺作品的一条罪状。对巴金和老舍等同志的一些小说杰作，艾青同志的一些诗歌以及对影片《早春二月》的批判和打击至今记忆犹新，而余毒也似未尽消除。人情味的反面是呆板乏味。文艺作品而没有人情味会成什么玩意儿呢？那只能是公式教条的图解或七巧板式的拼凑。今天敲敲打打吹上了天，明日便成了泄了气的气球，难道这种“文艺作品”的命运我们看到的还少吗？无论在中国还是在外国，最富于人情味的母题莫过于爱情。自从否定了人情味，细腻深刻的爱情描绘就很难见到了。为什么有相当长的一个时期中人们都不爱看我们自己的诗歌、戏剧、小说和电影，等到“四人帮”一打倒，大家都如饥似渴地寻找外国文艺作品和影片呢？还不是因为我们自己的作品人情味太少、“道学气”太重了吗？道学气都有一点伪善或弄虚作假。难道这和现实主义文艺或浪漫主义文艺有任何共同之处吗？提到政治思想的高度来说，难道社会主义社会中的男男女女都要变成和尚尼姑，不许尝到、也不许表现出人世间的悲欢离合吗？人们也许责骂我的这种想法是要求文艺“自由化”，也就是说，要社会主义文艺向资本主义国家的文艺投降。但是文艺究竟能不能“交流”和“借鉴”而不至于“投降”呢？如果把冲破禁区理解为“自由化”，我就不瞒你说，我要求的正是“自由化”！

> **反问**
> 作者通过两个反问突出强调了人情味是文艺作品的一个重要部分，没有人情味的作品不会保留得长久。

> **反问**
> 作者通过连续两个反问突出强调了人性在文艺和社会中的重要性。

四、人性论和人情味既然都成了禁区，“共同美感”当然也就不能幸免。有人认为肯定了共同美感，就势必否定阶级观点。毫无疑问，不同的阶级确实有不同的美感。焦大并不欣

举例子

作者通过列举焦大这个贫民欣赏不了贵族小姐林黛玉的美，以及文人欣赏不了民间的美这两个例子，旨在说明不同阶级之间确实存在相差甚异的审美。

阐释

从中可以看出作者对科学研究的严谨态度以及求真务实的作风。

引用

"口之于味，有同嗜焉"一句出自《孟子》，意思是说口对于味道有相同的嗜好。毛泽东引用这句话意在说明虽然每个阶级有每个阶级的美，但人们对事物的好恶大体上是一致的。

赏贾宝玉所笃爱的林妹妹，文人学士也往往嫌民间大红大绿的装饰"俗气"。可是这只是事情的一个方面，事情还有许多其他方面，因为美感这个概念是很模糊的，美感的来源也是很复杂的。过去有些美学家认为美仅在形色的匀称、声音的调和之类形式美，另外一些美学家却把重点放在内容意义上，辩证唯物主义则强调内容和形式的统一。就美感作为一种情感来说，它也是非常复杂的，过去美学家们大半认为美感是一种愉快的感觉，可是它又不等于一般的快感，不像渴时饮水或困倦后酣睡那种快感。有时美感也不全是快感，悲剧和一般崇高事物如狂风巨浪、悬崖陡壁等所产生的美感之中却夹杂着痛感。喜剧和滑稽事物所产生的美感也是如此。同一美感中也有发展转变的过程，往往是生理和心理交互影响的。过去心理学在这方面做过不少的实验和分析工作，已得到了一些公认的结论，但是需要进一步研究的问题也还很多。现在我们中间不少人对这方面的科学研究还毫无所知，或只是道听途说，就轻易对美感下结论，轻易把"共同美感"打入禁区，这也是一个学风问题。

究竟有没有共同美感呢？

根据何其芳同志在一九七七年《人民文学》第九期里回忆毛泽东同志谈话的文章，毛泽东同志是肯定了共同美感的。他说："各个阶级有各个阶级的美，各个阶级也有共同的美，'口之于味，有同嗜焉'。"我们在前面介绍《经济学—哲学手稿》和《资本论》的那封信里也已经看到马克思肯定了人类物质生产和精神生产要符合"美的规律"，而且肯定了这两种生产都因为人在劳动中发挥了肉体和精神两方面的本质力量而感到乐趣。这种乐趣不就是美感吗？马克思因此进一步肯定了艺术起源于劳动。劳动是人类的共同职能，它所产生的美感能不是人类共同美感吗？

马克思和毛泽东同志都是全世界无产阶级革命导师，同时也都是“共同美感”的见证人。马克思在一系列的著作中高度评价了过去奴隶社会、封建社会和资本主义社会的一系列的文艺杰作，从古希腊的神话、史诗、悲剧、喜剧，文艺复兴时代的但丁的《神仙》、莎士比亚的悲剧、塞万提斯的《堂·吉诃德》，直至近代巴尔扎克的《人间喜剧》，而且早年还亲自写过爱情诗。毛泽东同志也是如此，对中国古典文学有着渊博、深湛的认识和终生不倦的钻研和爱好，而且在自己的光辉的诗词中吸取了中国古典文学精华，甚至不放弃古典诗词的格律，真正做到了推陈出新。难道这两位革命导师对各种类型社会的古典文艺的爱好不足以证明不同的时代、不同的民族和不同的阶级有共同的美感吗？

还不仅此，否定共同美感，就势必要破坏马克思主义关于文化（包括文艺在内）的两大基本政策：一是对传统的批判继承，二是对世界各民族的文化的交流借鉴、截长补短。在文艺方面这两大政策的实施不但促进了文艺繁荣，也促进了各民族之间的互相了解、和平共处。否定共同美感，就势必割断历史，不可能有批判继承；也势必闭关自守、坐井观天，不可能有交流借鉴。你们想想，生今之世，难道能否定文化继承和文化交流吗？

五、特别要冲破的是江青和她的走卒们所鼓吹的“三突出”谬论对于人物性格所设置的一些禁区。文艺作品总离不开人，特别是叙述故事情节的戏剧和小说，亚里士多德把戏剧中的角色叫作“在行动中的人”，马克思主义者把他们叫作“典型环境中的典型人物”。角色之中有主次之分，首要的角色叫作主角，在西文为hero。这个西文词的一般意义是“英雄”，主

反问

作者通过援引马克思“艺术起源于劳动”的论述，指出劳动是人类的共同经历，因此由劳动产生的美感也就是人类共同的美感。

反问

作者通过描述毛泽东和马克思两位革命导师对古典文艺的共同爱好，更加强调突出了不仅在不同的阶级之间存在共同美感，即使是在不同的时代，不同民族之间也存在共同的美感。

举例子

作者列举这些例子意在说明写作要突破对人物性格所设立的限制，要使人物性格自由化。

角可以是英雄人物，也可以是所谓“中间人物”或“小人物”。在封建社会，戏剧和小说的主角大半是些英雄人物，因为当时只有封建社会上层人物才能作为主角，反映在文艺作品里，为着维护或颂扬他们身份的高贵尊严，他们大半被描写成为英雄人物。不过只见在悲剧性或严肃性的作品里是如此，至于喜剧性的作品里如莫里哀的《伪君子》和《暴发户绅士》之类喜剧主角却都不是什么英雄人物，而是些卑鄙可笑的人物。

叙述

英雄人物一般出现在悲剧性或严肃性的故事里，因为他们是高贵的象征，不能像那些卑鄙可笑的人物一样，化身为喜剧的主角，其实这也是他们人生的一种暗示，悲剧较多，喜剧很少。

到了近代资产阶级登上了政治舞台，因而也登上了文艺舞台，文学流派中现实主义便占了上风，情形就有了彻底的变化。现实主义派抛弃过去歌颂英雄人物和伟大事迹的习尚，有意识地描写社会下层人物。从此最流行的是小说，特别是在资产阶级当权较早的英国。十八世纪一些著名小说家如笛福、芮迦丝和菲尔丁等人，他们所写的人物，大半不是什么“英雄”而是名副其实的“中间人物”（当时英国资产阶级称作“中间阶级”），所写的事迹也不是宫廷显赫人物的政治大事，而是一般家庭纠纷或流浪汉冒险寻金之类投机勾当。在十九世纪俄国现实主义之中，写“小人物”和“多余的人”便作为一个正式口号提了出来。莱蒙托夫的著名小说《当代英雄》（本应译为《现时代的主角》）中的主角毕巧林就不是什么英雄人物而是典型的小人物或多余的人物。过去时代的主角是统治阶级的领导人物，而“现时代的主角”却是毕巧林之类没落阶级的悲观厌世、行为卑鄙的人物了。

举例

毕巧林是小人物的典型，作者此意在突出强调当今文艺作品中要塑造接地气的人物形象，要描写现实生活中有人性的人物。

我约略叙述这种历史转变，因为从此可以揭示“四人帮”在文艺方面所吹嘘的“三突出”谬论的反动性。这批害人虫妄图把封建时代突出统治阶层首脑人物的老办法拖回到现代文艺作品里来，骨子里还是为着突出他们自己，为他们篡党夺权作思想准备。他们理想中的英雄人物有两大特点：首先是十全十美，没有一点瑕疵；其次是始终一致，出台时是啥样性格，收场时还是啥样性格。这两点都歪曲人性，又背离发展观点，结果使文艺作品中的主角不是有血有肉的人，而是概念、公式的图解或漫画式的夸张。

近代英国小说家福斯特(E.M.Forster)在《论小说的各方面》一书中论述了见不出冲突发展的“平板人物”和见出冲突发展的“圆整人物”之别，认为小说不应写出前一种人物而应写出后一种人物。“四人帮”所吹捧的恰是前一种，所禁忌的恰是后一种，在他们眼里看来，宋江不应有“坐楼杀惜”，李逵也应该莽撞到底，伽利略那样有重大发明的科学家，就宁可放弃完成他的科学巨著而不应贪生怕死，看到烤鹅肉也不能那样馋。他们狂妄无知竟到了这种程度！

其次，由于他们片面地突山“英雄人物的高大形象”，就把所谓“中间人物”和“小人物”列入禁区。描绘小人物和中间人物的能手赵树理同志的作品就被打入冷宫，而且作家本人也被迫害致死。想起无数类似的事例，谁能不痛心疾首！遭殃的并不限于一些优秀作家和优秀作品，还应想一想由江青盗窃来而加以篡改歪曲的八部“样板戏”成了几多大大小小的作家们的“样板”？几多人有意识地或无意识地陷入那批人妖所设置的陷阱？结果形成了什么样的文风？在青年一代思想中造成了多么大的危害？

冲破他们所设置的禁区，解放思想，按照文艺规律来繁荣文艺创作，现在正是时候了！

阐释

“概念、公式的图解或漫画式的夸张”指的是文艺作品中的人物不接地气，缺少人性，不能使读者感同身受。作者在此突出强调文艺作品要树立有血有肉的人物形象，要具有人性。

反问

作者连续三个反问可以看出作者的痛声疾呼，以及号召文艺工作者冲破禁区，纠正文风的勇气和力量。

拓展阅读

名师点拨

此封信涉猎的问题现实感很强。在极“左”路线泛滥的年代里，“人”和“人性”的问题长期被禁锢在无人敢问津的“禁区”里，几近谈“人性”色变。七八十年代，文艺界兴起思想解放运动，但乍暖还寒，有些“禁区”仍然无人敢碰，严重束缚着人们的思想。朱先生率先垂范，以非凡的勇气、深厚的学识，勇闯“禁区”，为文艺界、思想界的拨乱反正鸣锣开道，令人肃然起敬。人性论、人道主义、人情味、共同美感，是当时文艺界争鸣的敏感论题。“文革”结束后，他重读马克思主义经典，发现马克思不但没有否认人性，并且他的1844年重要著作《经济学—哲学手稿》的出发点就是人性，即“人的肉体和精神两方面的本质力量”。根据朱先生的理解，马克思由此出发，“论证无产阶级革命的必要性和必然性，论证要使人的本质力量得到充分而自由的发展，必须消除私有制”，这就是前面说过的共产主义社会中全面发展的自由人的理想。朱先生从现实热点问题入手，立足于对经典的独特阐释，潜伏着把美学与艺术研究导向完整的人，并为美学奠定人学本体论的深刻动机。在他看来，美学研究中人的价值取向似乎更为根本，人是真正“打开美学秘密的锁钥”。

回味思考

1.按照朱先生的理解，文艺创作和美学中有哪些禁区？

2.人道主义的核心思想是什么？

3.什么是共同美感？

好词收藏

推陈出新　美中不足　名副其实　记忆犹新　如饥似渴

七、从生理学观点谈美与美感

名师伴你读

在五十年代的美学大批判中，朱先生迫于压力，曾自我检讨、批判，声明放弃“移情论”。那么，为什么他又在《谈美书简》里旧话重提，又谈节奏感、移情作用和内模仿呢？是不是如朱先生风趣的说法是想“翻案”或“回潮”呢？

朋友们：

你们来信常追问我：美是什么？美感是什么？美与美感有什么关系？美是否纯粹是客观的或主观的？我在第二封信里已强调过这样从抽象概念出发来对本质下定义的方法是形而上学的。要解决问题，就要从具体情况出发，而审美活动的具体情况是极其复杂的。前信已谈到从马克思在《资本论》里关于“劳动”的分析看，就可以看出物质生产和精神生产都有审美问题，既涉及复杂的心理活动，又涉及复杂的生理活动。这两种活动本来是分不开的，为着说明的方便，姑且把它们分开来说。在第三封信《谈人》里我们已约略谈了一点心理学常识，现在再就节奏感、移情作用和内模仿这三项来谈一点生理学常识。

一、节奏感。节奏是音乐、舞蹈和歌唱这些最原始也最普遍的三位一体的艺术所同具的一个要素。节奏不仅见于艺术

阐释

作者在接受马克思主义哲学后用大量中外文艺的事实雄辩地证明，审美活动涉及复杂的生理、心理活动。并且提醒读者，在审美活动中，客观对象的性质和审美主体都是不可或缺的，这两者间的复杂情况需要具体调查和分析。

阐释

"拗"和"失调"就是不顺畅、失去平衡的意思,作者在这里主要想说的是文艺作品中的节奏应和人的生理节奏相一致,这样人才会有愉快的享受。

作品,也见于人的生理活动。人体中呼吸、循环、运动等器官本身的自然的有规律的起伏流转就是节奏。人用他的感觉器官和运动器官去应付审美对象时,如果对象所表现的节奏符合生理的自然节奏,人就感到和谐和愉快,否则就感到"拗"或"失调",就不愉快。例如听京戏或鼓书,如果演奏艺术高超,像过去的杨小楼和刘宝全那样,我们便觉得每个字音和每一拍的长短高低快慢都恰到好处,有"流转如弹丸"之妙。如果某句落掉一拍,或某板偏高或偏低,我们全身筋肉就仿佛突然受到一种不愉快的震撼,这就叫做节奏感。

为着跟上节奏，我们常用手脚去“打板”，其实全身筋肉都在“打板”。这里还有心理上的“预期”作用。节奏总有一种习惯的模式。听到上一板，我们就“预期”下一板的长短高低快慢如何，如果下一板果然符合预期，美感便加强，否则美感就遭到破坏。在这种美或不美的节奏感里你能说它是纯粹主观的或纯粹客观的吗？或则说它纯粹是心理的或纯粹是生理的吗？

反问

作者在此处连续两个反问，意在引出关于节奏感的观点，即节奏感是主观与客观的统一，是心理与生理的统一。

节奏是主观与客观的统一，也是心理和生理的统一。它是内心生活(思想和情趣)的传达媒介。艺术家把应表现的思想和情趣表现在音调和节奏里，听众就从这音调节奏中体验或感染到那种思想和情趣，从而起同情共鸣。

举具体事例来说，试比较分析一下这两段诗：

> 噫吁戏？危乎高哉！蜀道之难，难于上青天！……其险也若此，磋尔远道之人胡为乎来哉！
>
> ——李白：《蜀道难》

> 呢呢儿女语，恩怨相尔汝。划然变轩昂，猛士赴敌场。浮云柳絮无根蒂，天地阔远随飞扬……跻攀分寸不可上，失势一落千丈强！
>
> ——韩愈：《听颖师弹琴》

举例子

通过列举李白和韩愈的例子，表现出引起听众同情共鸣的艺术，艺术家一定会把应表现的思想和情趣表现在音调和节奏里。

李诗突兀沉雄，使人得到崇高风格中的惊惧感觉，节奏比较慢，起伏不平。韩诗变化多姿，妙肖琴音由缠绵细腻，突然转到高昂开阔，反复荡漾，接着的两句就上升的艰险和下降的突兀作了强烈的对比。音调节奏恰恰传出琴音本身的变化。正确的朗诵须使音调节奏暗示出意象和情趣的变化发展。这就必然要引起呼吸、循环、发音等器官乃至全身筋肉的活动。你能离开这些复杂的生理活动而谈欣赏音调节奏的美感吗？你能离开这种具体的美感而抽象地谈美的本质吗？

节奏主要见于声音，但也不限于声音，形体长短大小粗细相错综，颜色深浅浓淡和不同调质相错综，也都可以见出规律和节奏。建筑也有它所特有的节奏，所以过去美学家们把建筑比作“冻结的或凝固的音乐”。一部文艺作品在布局上要有“起承转合”的节奏。我读姚雪垠同志的《李自成》，特别欣赏他在戎马仓皇的紧张局面之中穿插些明末宫廷生活之类安逸闲散的配搭，既见出反衬，也见出起伏的节奏，否则便会平板单调。我们有些音乐和文学方面的作品往往一味高昂紧张，就有缺乏节奏感的毛病。“张而不弛，吾不为也！”

比喻

不同的艺术门类虽然各具特性，但也有内在联系。把建筑比作凝固的音乐，意思是说，如果使音乐的时间流动全都凝固下来，我们从音乐中便可以看到诸如严格数学化的比例、对称、均衡的造型特点以及乐曲形式同建筑结构的联系。

二、移情作用(观念联想)。十九世纪以来，西方美学界最大的流派是以费肖尔父子为首的新黑格尔派，他们最大的成就在对于移情作用的研究和讨论。所谓“移情作用”(Einfuhlung)指人在聚精会神中观照一个对象(自然或艺术作品)时，由物我两忘达到物我同一，把人的生命和情趣“外射”或移注到对象里去，使本无生命和情趣的外物仿佛具有人的生命活动，使本来只有物理的东西也显得有人情。最明显的事例是观照自然景物以及由此产生的文艺作品。我国诗词里咏物警句大半都显出移情作用。例如下列名句：

读书笔记

相看两不厌，只有敬亭山。

——李白

感时花溅泪，恨别鸟惊心。

——杜甫

颠狂柳絮随风舞，轻薄桃花逐水流。

——杜甫

数峰清苦，商略黄昏雨。

——姜夔

可堪孤馆闭春寒，杜鹃声里斜阳暮。

——秦观

都是把物写成人，静的写成动的，无情写成有情，于是山可以看人而不厌，柳絮可以颠狂，桃花可以轻薄，山峰可以清苦，领略黄昏雨的滋味。从此可见，诗中的“比”和“兴”大半起于移情作用，上例有些是显喻，有些是隐喻，隐显各有程度之差，较隐的是姜秦两例，写的是景物，骨子里是诗人抒发自己的黄昏思想和孤独心情。上举各例也说明移情作用和形象思维也有密切关系。

阐释 作者列举诗歌的例子意在说明人的情感与形象思维有密切联系。

移情说的一个重要代表利普斯反对从生理学观点来解释移情现象，主张要专用心理学观点，运用英国经验主义派的“观念联想”特别是其中的“类似联想”来解释。他举希腊建筑中的道芮式石柱为例。这种石柱支持上面的沉重的平顶，本应使人感到它受重压而下垂，而我们实际看到的是它仿佛在耸立上腾，出力抵抗。利普斯把这种印象叫做“空间意象”，认为它起于类似联想，石柱的姿态引起人在类似情况中耸立上腾、出力抵抗的观念或意象，在聚精会神中就把这种意象移到石柱上，于是石柱就仿佛耸立上腾、奋力抵抗了。利普斯的这种看法偏重移情作用的由我及物的一方面，唯心色彩较浓。

举例子 作者以希腊建筑中的道芮式石柱为例，重点要说明利普斯的观点，即注重移情作用的由我及物的一面。

三、内模仿。同属移情派而与利普斯对立的是谷鲁斯。他侧重移情作用的由物及我的一方面，用的是生理学观点，认为移情作用是一种“内模仿”。在他的名著《动物的游戏》里举过看跑马的例子：

> 一个人在看跑马，真正的模仿当然不能实现，他不但不肯放弃座位，而且有许多理由使他不能去跟着马跑，所以只心领神会地模仿马的跑动，去享受这种内模仿所产生的快感。这就是一种最简单、最基本、最纯粹的审美的观赏了。

他认为审美活动应该只有内在的模仿而不应有货真价实的模仿。如果运动的冲动过分强烈，例如西欧一度有不少的少年因读了歌德的《少年维特之烦恼》就模仿维特自杀，那就要破坏美感了。正如中国过去传说有人看演曹操老奸巨猾的戏，就义愤填膺，提刀上台把那位演曹操的角色杀掉，也不能起美感一样。

举例子 作者在这里意在说明现实与真正的文艺应该保持一定的距离，否则就会失去美感。

谷鲁斯还认为内模仿带有游戏的性质。这是受到席勒和斯宾塞的“游戏说”的影响，把游戏看作艺术的起源。从文艺的创作和欣赏的角度看，内模仿确实有很多例证。上文已谈到的节奏感就是一例。中国文论中的“气势”和“神韵”，中国画论中的“气韵生动”都是凭内模仿作用体会出来的。中国书法向来自成一种艺术，康有为在《广艺舟双楫》里说字有十美，其中如“魄力雄强”“气象浑穆”“意态奇逸”“精神飞动”之类显然都显出移情作用的内模仿。书法往往表现出人格，颜真卿的书法就像他为人一样刚正，风骨凛然；赵孟頫的书法就像他为人一样清秀妩媚，随方就圆。我们欣赏颜字那样刚劲，便不由自主地正襟危坐，模仿他的端庄刚劲；我们欣赏赵字那样秀媚，便不由自主地松散筋肉，模仿他的潇洒婀娜的姿态。

举例子 以书法为例，作者意在说明我们无意识地模仿审美活动其实就是一种移情中的内模仿。

西方作家描绘移情中内模仿事例更多，现在举十九世纪两位法国的著名的小说家为例。一位是女作家乔治·桑，她在《印象和回忆》里说：

> 我有时逃开自我，俨然变成一棵植物，我觉得自己是草，是飞马，是树顶，是云，是流水，是天地相接的那一条地平线，觉得自己是这种颜色或那种形体，瞬息万变，去来无碍，时而走，时而飞，时而潜，时而饮露，向着太阳开花，或栖在叶背安眠。天鹨飞升时我也飞升，蜥蜴跳跃时我也跳跃，萤火和星光闪耀时我也闪耀。总之，我所栖息的天地仿佛全是由我自己伸张出来的。

阐释

乔治·桑描述自己与环境融为一体的自由状态，以此说明主体与客体融为一体容易引起移情。

另一位是写实派大师福楼拜，他在通信里描绘他写《包法利夫人》那部杰作时说：

> 写作中把自己完全忘去，创造什么人物就过着什么人物的生活，真是一件快事。今天我就同时是丈夫和妻子，情人和姘头（小说中的人物——引者注），我骑马在树林里漫游，时当秋暮，满林黄叶（小说中的情景——引者注），我觉得自己就是马，就是风，就是两人的情语，就是使他们的填满情波的眼睛眯着的那道阳光。

阐释

从福楼拜的自述中我们可以看出，创作时将创作主体与创作物融为一体容易引起内模仿。

这两例都说明作者在创作中体物入微，达到物我同一的境界，就引起移情作用中的内模仿。凡是模仿都或多或少地涉及筋肉活动，这钟筋肉活动当然要在脑里留下印象，作为审美活动中一个重要因素。过去心理学家认为人有视、听、嗅、味、触五官，其中只有视、听两种感官涉及美感。近代美学日渐重视筋肉运动，于五官之外还添上运动感官或筋肉感官(Kinetic Sense)，并且倾向于把筋肉感看作美感的一个重要因素。其实中国书家和画家早就明白这个道理了。

阐释 作者这样说的原因是因为中国的书画家很早就把筋肉感作为美感的一个重要因素，对此认识得比西方要早。

审美者和审美对象各有两种类型。审美的主体(人)和审美的对象(自然和文艺作品)都有两种不同的类型，而这两种类型又各有程度上的差别和交叉，这就导致美与美感问题的复杂化。先就人来说，心理学早就把人分成“知觉型”和“运动型”。例如看一个圆形，知觉型的人一看到圆形就直接凭知觉认识到它是圆的，运动型的人还要用眼睛沿着圆周线作一种圆形的运动，从这种眼球筋肉运动中才体会到它是圆的。近来美学家又把人分成“旁观型”和“分享型”，大略相当于知觉型和运动型。纯粹旁观型的人不易起移情作用，更不易起内模仿活动，分明意识到我是我，物是物，却仍能欣赏物的形象美。纯粹分享型的人在聚精会神中就达到物我两忘和物我同一，必然引起移情作用和内模仿。这种分别就是尼采在《悲剧的诞生》里所指出的日神精神(旁观)与酒神精神(分享)的分别。狄德罗在他的《谈演员》的名著里也强调过这个分别。他认为演员也有两种类型，一种演员演什么角色，就化成那个角色，把自己全忘了，让那个角色的思想情感支配自己的动作姿势和语调。另一种演员尽管把角色演得惟妙惟肖，却时时刻刻冷静地旁观自己的表演是否符合他早已想好的那个“理想的范本”。狄德罗本人则推尊旁观型演员而贬低分享型演员，不过也有人持相反的看法。上面所介绍过的利普斯显然属于知觉型和旁观型，感觉不到筋肉活动和内模仿，谷鲁斯却属于运动型或分享型。因此，两人对于美感的看法就不能相同。

阐释 这里的“旁观型”主要指的是以旁观者的视角来欣赏审美客体，“分享型”强调的是物我合一。

读书笔记

我还记得五十年代的美学讨论中攻击的靶子之一就是我的“唯心主义的”移情作用，现在趁这次重新谈美的机会，就这个问题进行一番自我分析和检讨。我仍得坦白招认，我还是相信移情作用和内模仿的。这是事实俱在，不容一笔抹杀。我还想到在一八五九年左右移情派祖师费肖尔的五卷本《美学》刚出版不久，马克思就在百忙中把它读完而且作了笔记，足见马克思并没有把它一笔抹杀，最好进一步就这方面进行一些研究再下结论。我凭个人经验的分析，认识到这问题毕竟很复杂。在审美活动中尽管我一向赞赏冷静旁观，有时还是一个分享者，例如我读《史记·刺客列传》叙述荆轲刺秦王那一段，到“图穷匕首见”时我真正为荆轲提心吊胆，接着到荆轲“左手把秦王之袖而右手持匕首揕之”时，我确实从自己的筋肉活动上体验到“持”和“揕”的紧张局面。以下一系列动作我也都不是冷静地用眼睛看到的，而是紧张地用筋肉感觉到的。我特别爱欣赏这段散文，大概这种强烈的筋肉感也起了作用，因此，我相信美感中有筋肉感这个重要因素。我还相信古代人、老年人、不大劳动的知识分子多属于冷静的旁观者，现代人、青年人、工人和战士多属于热烈的分享者。

审美的对象也有静态的和动态的两大类型。首先指出这个分别的是德国启蒙运动领袖莱辛。他在《拉奥孔》里指出诗和画的差异。画是描绘形态的，是运用线条和颜色的艺术，线条和颜色的各部分是在空间上分布平铺的，也就是处于静态的。诗是运用语言的艺术，是叙述动作情节的，情节的各部分是在时间上先后承续的，也就是处于动态的。就所涉及的感官来说，画要通过眼睛来接受，诗却要通过耳朵来接受。不过莱辛并不排除画也可化静为动，诗也可化美为媚。“媚”就是一种动态美。拿中国诗画为例来说，画一般是描绘静态的，可

阐释

作者之所以这样说是因为在五十年代的美学大批判中，朱先生迫于压力曾自我检讨、批判，声明放弃“移情论”。现在经过接受马克思主义理论又重新对之前的思想加以明晰。

举例子

作者在此以自己亲身经历为例，意在说明在审美活动中，筋肉感会让自己由一个客观的旁观者变成一个热情的分享者，从而更好地参与到审美活动中。

举例子

作者列举这些旁观者和分享者的例子，意在说明筋肉感在美感中占有重要地位。

是中国画家一向把“气韵生动”，“从神似求形似”，“画中有诗”作为首要原则，都是要求画化静为动。诗化美为媚，就是把静止的形体美化为流动的动作美。《诗经·卫风》中有一章描绘美人的诗便是一个顶好的例：

引用 作者引用《诗经》中描写美人的诗句，意在说明把审美对象化静为动会更容易引起美感。

……手如柔荑（嫩草），肤如凝脂（凝固的脂肪），领如蝤蛴（颈像蚕蛹），螓（一种虫）首蛾眉，齿如瓠犀（瓜子）；巧笑倩兮，美目盼兮！

前五句罗列头上各部分，用许多不伦不类的比喻，也没有烘托出一个美人来。最后两句突然化静为动，着墨虽少，却把一个美人的姿态神情完全描绘出来了。读前五句，我丝毫不起移情作用和内模仿，也不起美感；读后两句，我感到活跃的移情作用、内模仿和生动的美感。这就说明客观对象的性质在美感里确实会起重要的作用。同是一个故事情节写在诗里和写在散文里效果也不同。例如白居易的《长恨歌》和陈鸿的《长恨歌传》不同；同是一个故事情节写在一部小说或剧本里，和表演在舞台上或放映在电视里效果也各不相同，不同的观众也有见仁见智，见浅见深之别。

我唠叨了这半天，目的是要回答开头时所提的那几个问题。首先，美确实要有一个客观对象，要有“巧笑倩兮，美目盼兮”这样美人的客观存在。不过这种姿态可以由无数不同的美人表现出，这就使美的本质问题复杂化。其次，审美也确要有一个主体，美是价值，就离不开评价者和欣赏者。如果这种美人处在空无一人的大沙漠里，或一片漆黑的黑夜里，她的“巧笑倩兮，美目盼兮”能产生什么美感呢？凭什么能说她美呢？就是在闹市大白天里，千千万万人都看到她，都感到她同

举例子和反问 作者通过连续的反问以及列举多个例子，意在论证审美活动离不开评价者和欣赏者，否则审美活动就无法进行。

样美吗？老话不是说："情人眼里出西施"吗？不同的人不会见到不同的西施，具有不同的美感吗？

我们在前信已说明过在审美活动中主体和对象两方面的具体情况都极为复杂。我们当前的任务是先仔细调查和分析这些具体情况，还是急急忙忙先对美和美感的本质及其相互关系作出抽象的结论来下些定义呢？我不敢越俎代庖，就请诸位自己作出抉择吧！

读书笔记

拓展阅读

名师点拨

这封信里的多半内容出自朱先生早期著作《文艺心理学》《诗论》和《悲剧心理学》。在五十年代的美学大批判中，朱先生迫于压力，曾自我检讨、批判，声明放弃"移情论"。那么，为什么他又在《谈美书简》里旧话重提，又谈节奏感、移情作用和内模仿呢？

回味思考

1.朱先生为什么要从生理学观点来谈美呢？

2.什么是节奏感？

3.在审美活动中，客观对象和审美主体之间是什么关系呢？

好词收藏

纯粹　媒介　聚精会神　抹杀　见仁见智　越俎代庖

好句积累

◔ 我还相信古代人、老年人、不大劳动的知识分子多属于冷静的旁观者，现代人、青年人、工人和战士多属于热烈的分享者。

八、形象思维与文艺的思想性

名师伴你读

在阅读具体的文学作品时我们不免会思考这样一个问题：形象思维和抽象思维是什么关系呢？哪个更好一些呢？朱先生认为，首先要从“思维”的界定开始。

朋友们：

形象思维的客观存在及其在文艺中的作用，在心理学和美学这些科学领域里应该说是早已有定论了。可是我国近年来却有人提出异议，否认文艺要用形象思维，甚至根本否认形象思维的存在。一九七七年一月，毛泽东同志《给陈毅同志谈诗的一封信》发表了。信中说：“诗要用形象思维，不能如散文那样直说，所以比、兴两法是不能不用的。……宋人多数不懂诗是要用形象思维的，一反唐人规律，所以味同嚼蜡。”联系到新诗前途，信中还进一步指出：“要作今诗，则要用形象思维方法，反映阶级斗争与生产斗争，古典绝不能要。”这个重要文件的发表，对于解决国内早已引起争论的形象思维这一重大问题，是具有积极作用的，近三年来就已在文艺界和美学界产生了广泛的影响。目前辩论还正在继续进行。这是一个振奋人心的大好形势。

阐释

毛泽东在这几句话里明确了形象思维在诗中的重要地位，并且指出宋诗不如唐诗的一个重要原因就在于宋诗中不懂如何运用形象思维，所以作出来的诗没有韵味。

我在两篇文稿里曾较详细地谈过这场争论，现在再试用通俗语言来和诸位谈一谈我对这个问题的看法。

在第三封信《谈人》里我已约略谈到认识和实践的关系以及感性认识和理性认识的关系，现在不妨回顾一下，因为形象思维与此是密切相关的。什么叫作思维？思维就是开动脑筋来掌握和解决面临的客观现实生活中的问题。所以思维本身既是一种实践活动，又是一种认识活动。思维分为两个步骤：第一步是掌握具体事物的形象，如色、声、嗅、味、触之类感官所接触到的形式和运动都在头脑里产生一种映象。这是原始的感性认识，有种种名称，例如感觉，映象，观念或表象。把从感性认识所得来的各种映象加以整理和安排，来达到一定的目的，这就叫作形象思维。把许多感性形象加以分析和综合，求出每类事物的概念、原理或规律，这是从感性认识飞跃到理性认识，这种思维就是抽象思维或逻辑思维。

举个具体的例子来说，到北海公园散步，每前走一步都接触到一些具体事物，亭台楼阁呀，花草虫鱼呀，水光塔影呀，男男女女、老老少少呀，只要是我们注意到的，它们都在我们脑里留下一些映象，其中有一部分能引起我们兴趣的就储存在我们记忆里。在散步中我们也不断遇到一些实际生活的问题，走累了就想找个地方休息，口渴了就想喝点什么，看到游艇，就动了划船的念头，如此等。解决这类具体问题，就要我们开动一下脑筋，进行一点思维，这种实际生活所引起的思维大部分都是形象思维。要休息吧，就想到某堆山石后某棵大树下的坐椅较安静，儿童游戏场附近较热闹，你的抉择要看你爱清静还是爱热闹；要喝茶吧，就想到茶在北海里不易得，啤酒也稀罕，就去喝点汽水算啦，如此等。就连我这个整天做科研工作的老汉在这些场合也不去进行抽象思维，因为那里没有这个必要。我举逛北海的例子要说明的是形象思维确实存在，

阐释

作者不厌其烦地谈论形象思维与抽象思维的问题，一方面说明该问题的重要性，另一方面也可以看出作者治学时严谨的态度。

举例子

作者列举在北海公园中散步的例子，以此说明把所接触到的具体事物进行一些简单的思考就是形象思维，举例生动，语言活泼，清晰明了地为我们解释了形象思维。

阐释

在作者看来，形象思维存在于文艺创作中，但仅有形象思维不一定能产生文艺作品。

阐释

日常生活中动用的形象思维和文艺创作中的形象思维是不同的，文艺创作中的形象思维是将日常生活中繁复的形象思维按照一定的感情支配，加以重新组合而创作出的新的作品。

举例子

作者列举这些例子意在说明在实际生活中，我们总是会同时交叉使用形象思维和抽象思维。

不单是在文艺创作中，就连在日常生活中也是经常动用的；单是形象思维也不一定就产生文艺作品。

当然也有人逛北海会起作诗作画或写游记的兴致。北海里那么多的好风景和人物活动当然不能整个地放到诗或画里，总要凭自己思想感情的支配，从许多繁复杂乱的映象之中把某些自己中意而且也可使旁人中意的映象挑选出来加以重新组合和安排，创造出一个叫作“作品”的新的整体，即达·芬奇所说的“第二自然”。这就是文艺创作中的形象思维了。

在文艺创作过程中，一般都有个酝酿阶段，思想情感白热化阶段，还有一段斟酌修改阶段。白热化阶段是文艺创作活动的高峰，这是一种聚精会神的状态，这时心无二用，一般只专注在形象思维上，无暇分心到抽象思维上去。但是我们已多次强调过，人是一个有机整体，除了形象思维的能力之外，他还有抽象思维或逻辑推理的能力，也不能不在适当时机发挥作用，特别是在酝酿或准备阶段和作品形成后斟酌修改阶段，形象思维和抽象思维往往是交叉使用的。例如参观访问、收集资料、整理资料都不完全是形象思维的事。你作诗或写剧本，决不会只为你自己享受，还要考虑到听众能不能接受，对他们的影响是好是坏，乃至朗诵员和演员的安排和训练，出版和纸张印刷供应之类问题。考虑到这些与文艺创作有关的广泛的实际问题，你就决不能不适应实际需要，参用一些抽象思维。再拿逛北海为例来说，假如你是个建筑师或园林设计师，要为改造北海定规划，制蓝图，你当然要考虑到北海作为一种艺术名胜如何才能美观，要进行一些形象思维，此外也要考虑到近代建筑作为一种工程科学的许多理论问题，以及作为经济设施的投资、材料供应、劳动力配备和吸引旅游者之类经济问题，决不能只在“为艺术而艺术”。

从此可见，形象思维和抽象思维在实际生活中和文艺创作中都既有联系又有分别。我们既不应认为只有形象思维才在文艺创作中起作用，也不应认为文艺创作根本用不着形象思维，或根本否认形象思维的存在。近三年的争论是由“批判形象思维论”引起的，批判“批判形象思维论”的文章中有许多独到见解，也偶尔有片面的错误的言论。分析一些错误看法的根源，大半在科学基本常识的缺乏。我想趁这个机会再强调一下科学基本常识对于研究美学的重要性。

最浅而易见的是语言的常识。有人仿佛认为“形象思维”是胡编妄造，根本没有这回事；也有人认为这个词仿佛从别林斯基才开始用起，意思是“在形象中思维”（think in image）。实际上这个词在西文中就是Imagination中译是“想象”。在西方，古代的菲罗斯屈拉特（公元170—245年），近代的英国经验派先驱培根都强调过想象在文艺创作中的重要作用。在中国，“想象”这个词，屈原在《远游》里，杜甫在《咏怀古迹》里都用过。情感和想象是西方浪漫运动中的两大法宝。在近代美学著作中从给“美学”命名的鲍姆嘉通，经过康德、黑格尔到克罗齐，所讨论的都主要是想象。俄国的别林斯基和德国的费肖尔两人才开始用“形象思维”来解释“想象”一词的意义。参加辩论者有人把俄文和德文中相当于英文think in image的短语译为“在形象中思维”，而且根据这种误解来大做其文章。这正如把I speak in English理解为“我在英文中说话”。这岂不是闹笑话吗？

其次是历史和心理学的常识。正如感性认识是理性认识的基础，在历史发展中人类也从先有形象思维的能力，经过长期实践训练之后，才逐渐发展出抽象思维的能力。这有维柯的《新科学》和摩根的《古代社会》之类著作为证。原始社会处

举例子

作者以对形象思维和抽象思维的争论为例，意在为下文阐明科学基本常识作铺垫。

讽刺

作者在此主要是讽刺了那些没有真正理解英文原意，在翻译时就直接译过来的人。

阐释

作者在此肯定了形象思维的重要性，抽象思维是形象思维经过长期的实践训练后才形成的。

在人类的童年，人在童年尚复演人类童年的历史，婴儿也是开始只会形象思维，要经过几年的训练和教育才学会抽象思维。这有瑞士心理学家庇阿杰的几部儿童心理学著作为证，诸位自己的幼年儿女也更可以为证。近在眼前，诸位如果对儿童进行一些观察和测验，对于美学研究会比读几部课本更有益，更切实。

阐释

马克思在此肯定了形象思维的重要性，并且指出形象思维在希腊神话中得到了合理的运用。

最重要的还是缺乏马克思主义的常识。就拿形象思维这个问题来说吧，马克思在《政治经济学批判 · 导言》里早就说过：

> 任何神话都是想象和借助想象以征服自然力，支配自然力，把自然力加以形象化；……希腊艺术的前提是希腊神话，也就是已经通过人民的幻想用一种不自觉的艺术方式加工过的自然和社会形式本身。这是希腊艺术的素材[《马克思恩格斯选集》第 2 卷，第 113 页，人民出版社 1972 年版。西文 Phantasy（幻想）往往用作形象思维（Imagination）的同义词]。

反问

这句话虽然是作者在问，但实际上已经给出了答案，即神话这种原始艺术是形象思维而不是逻辑思维的产品，从而肯定了形象思维在神话中的应用。

这段话不但肯定了形象思维，而且说明了它在希腊神话和希腊艺术中的应用。

毛泽东同志在《矛盾论》里谈到神话时就引过这一段话，指出神话“乃是无数复杂的现实矛盾的互相变化对于人们所引起的一种幼稚的、想象的、主观幻想的变化”，“所以它们并不是现实之科学的反映”。（注：均见《毛泽东选集》第 1 卷，第 305 页，人民出版社 1967 年版。）神话是“想象”而不是“科学的反映”，不就是神话这种原始艺术是形象思维而不是逻辑思维的产品吗？上引马克思和毛泽东同志的话，我们大家这些年来都学过无数遍，可是对付具体问题时就忘了，竟不起多大作用，而且还有人指责“形象思维论正是一个反马克思主义的认识论体系”，“不过是一种违反常识，背离实际胡编乱造而已”，这岂不应发人深省吗？

反对形象思维论者有一个公式：

表象（事物映象）→概念（即思想）→新的表象（新创造的形象，即典型化了的艺术作品）

这种论点显然认为由表象到表象见不出文艺的思想性，于是新旧表象之间插进去一个等于概念的思想。这样把艺术作品倒退到“表象”，既是贬低艺术，也是缺乏心理学和美学的常识。把“概念”看作文艺的思想性，就是公式化、概念化的文艺的理论根据。

谁也不能否认文艺要有思想性，但是问题在于如何理解文艺的思想性。文艺的思想性主要表现于马克思主义创始人经常提到的倾向性（Tendanz）。倾向性是一种总趋向，不必作为明确的概念性思想表达出来，而应该具体地形象地隐寓于故事情节发展之中。这是马克思主义创始人关于思想性教导的总结。恩格斯在给玛·哈克奈斯的信里，批评了《城市姑娘》不是“充分的现实主义的”，但并没有批评她不去“鼓吹作者的社会观点和政治观点”（这就是明白说出作者的概念性的思想——引者注）相反倒是说：“作者的见解（社会观点和政治观点——引者注）愈隐蔽，对艺术作品来说就愈好，我所指的现实主义甚至可以违背作者的见解而表露出来。”（《马克思恩格斯选集》第4卷，第462页，人民出版社1972年版）。巴尔扎克就是恩格斯所举的例证。我们也可以举托尔斯泰为例。这

阐释

“表象”即文艺作品缺乏思想性，停留在表面上，从中可以看出作者对文艺作品缺乏思想性的讽刺。

阐释

在作者看来，作品的倾向性应该借助于作品中的形象、场面、情节、人物等来表现。

位伟大的小说家确实没有隐蔽他的见解，他一生都在宣扬人对基督的爱和人与人的爱，个人道德修养和反对暴力抵抗。这些都不是什么进步思想。为什么列宁说他是“俄国革命的镜子”呢？他鼓吹过俄国革命吗？没有。列宁作出这样的评价，并不是因为他宣扬了一些不正确的思想，而是因为他忠实地描绘了当时俄国农民革命中农民的矛盾状态和情绪。列宁是把他称为农民革命的“一面镜子”，而没有把他称为革命的“号角”或“传声筒”，而且批判了他的思想矛盾。托尔斯泰在文艺上的胜利可以说也就是巴尔扎克的胜利，即“现实主义的伟大胜利”。一个作家只要把一个时代的真实面貌忠实地生动地描绘出来，使人们感到有“山雨欲来风满楼”之势（这就是“倾向性”的意义），认识到或预感到革命非到来不可，他就作出了伟大的贡献，不管他表现出或没有表现出什么概念性的思想。这就是“现实主义的伟大胜利”，巴尔扎克如此，托尔斯泰也是如此。

> **比喻** 列宁把托尔斯泰的作品称作“俄国革命的镜子”主要强调的是托尔斯泰的作品不仅有艺术性和思想性，更重要的是描绘了各个阶层的现实，并显示出了社会总的倾向。

恩格斯在给敏·考茨基的信里还说过：“我认为倾向应当从场面和情节中自然而然地流露出来，而不应当特别把它指点出来。”（《马克思恩格斯选集》第 4 卷，第 454 页，人民出版社 1972 年版）。这就是说，倾向不应作为作者的主观见解，而应作为所写出的客观现实的趋势，自然而然地表现出来。这样理解“倾向”或思想性，和上文所引的巴尔扎克和托尔斯泰的例子也是符合的。

> **阐释** 恩格斯这段话是作品中的倾向性的第二个特点，即作为所写出的客观现实的趋势，自然而然地表现出来。

用一个粗浅的比喻来说，如人饮水，但尝到盐味，见不到盐粒，盐完全溶解在水里。咸是客观事实，不是你要它咸它就咸。

> **比喻** 作者在此作了一个非常生动的比喻，作品就好像是水，作品中的倾向性就好比水中的盐，虽然看不见，但是咸味始终蕴含其中。

不但表现在文艺作品中如此，世界观的总倾向表现在一个文艺作家身上也是如此。它不是几句抽象的口号教条所能表现出的，要看他的具体的一言一行。一个作家总有一种倾向，这种倾向是他毕生生活经验、文化教养和时代风尚所形成的。它总是思想和情感交融的统一体，形成他的人格的核心。也就是在这个意义上，文艺的“风格就是人格”。例如就人格来说，“忠君爱国”这个抽象概念可以应用到屈原、杜甫、岳飞、文天祥和无数其他英雄人物身上，但是显不出这些大诗人各自的具体情况和彼此之间的差异，也就不能作为评价他们的文艺作品的可靠依据。在西方，“人道主义”这一抽象概念也是如此。文艺复兴时代，法国革命时代，帝国主义时代，乃至无产阶级革命导师马克思都宣扬或者肯定过人道主义，但是具体的内容意义各不相同。这就是为什么我们在文艺领域里

举例子

作者具体说明有很多历史名人都是“忠君爱国”的，但是这个抽象概念不能用来作为评价他们的文学作品的可靠依据。

阐释

作者在此提出了他关于文艺创作的观点，即文艺作品既要有理，也要有情。

反对教条和公式化、概念化，反对用概念性思想来指导、约束甚至吞并具体的形象思维。文艺作品要有理，理不是概念而是事物的本质或客观形势本身发展的倾向。还应指出，文艺不但要有理，而且要有情，情理交融的统一体才形成人格，才形成真正伟大的文艺作品。这种情理交融的统一体就是黑格尔所说的“情致”（Pathos）。别林斯基在他的文艺论文里也发挥了黑格尔关于“情致”的学说。近年来苏联美学界和文艺批评界有片面强调理性而蔑视情感的倾向，我们也跟着他们走，有时甚至超过他们，这是应该纠正的偏差。提“倾向性”似比提“思想性”较妥，因为在决定倾向之中，情感有时还比思想起更大的作用。最显著的例子是音乐。“四人帮”肆虐时曾掀起过对“无标题音乐”的批判，因为据说“无标题”就是否定思想性。对此，德国伟大音乐家休曼的话是很好的驳斥：

讽刺

休曼这段话讽刺了那些一心只谈文艺中的思想的人，同时也肯定了在音乐中，音调节奏起伏变化所表现出的情感比乐曲背后隐藏的意义更重要。

> 批评家们老是想知道音乐家们无法用语言文字表达出来的东西。他们对所谈的问题往往十分没有懂得一分。上帝啊！将来会有那么一天，人们不再追问我们神圣的乐曲背后隐寓着什么意义吗？你且先把五度音程辨认清楚吧，别再来干扰我们的安宁！

隐寓的“意义”便是“思想”。思想是要用语言文字来表达，而音乐本身不用语言文字，它只是音调节奏起伏变化的艺术。音调节奏起伏变化是和情感的起伏变化相对应的，所以音乐所表现的是情感而不是只有语言文字才能表达出的思想。托尔斯泰在《艺术论》里强调文艺的作用在传染情感，这是值得我们深思的。

不但在音乐里，就连在作为语言艺术的文学里最感动人的也不是概念性思想而是生动具体的情感。如拿莎士比亚为例，你能从他的哪一部作品里探索出一些概念性的思想吗？确实有些批评家进行过这种探索，所得到的结论不过是他代表了文艺复兴时代的人道主义精神，更具体一点也不过像英国美学家克·考德威尔（克·考德威尔，英国进步作家，企图用马克思主义观点来研究文艺和美学。《幻觉与现实》是他的名著，其中分析过莎士比亚的剧作）。所说的，莎士比亚在政治倾向上要求英国有一个能巩固新兴资产阶级政权的强有力的君主。就是这些概念（你自己也许还在将信将疑）使你受到感动和教育吗？就我个人来说，我至今还抓不住莎士比亚的思想体系，假如他有的话。在读他的作品时，首先是他所写出的生动具体的典型环境下典型人物性格，其次是每部剧本里，特别在悲剧里，都表现出强烈的情感，强烈的爱和恨，强烈的悲和喜，强烈的憧憬和怅惘，强烈的讽刺和谑浪笑傲，就是这些因素使我感到振奋，也使我感到苦闷。振奋也好，苦闷也好，心总在跳动，生命总在活跃地显出它的力量，这对于我就可心满意足了。阿门！

反问

莎士比亚是公认的世界大文豪，作者以莎士比亚的作品反问，更加突出强调了在文学作品中，生动具体的情感比概念性的思想更加感人，更加深刻。

排比

通过使用连续排比，更加突显了在文学作品中情感能够给人以生命的活力与力量。

附记：形象思维一切艺术的主要的思维方式，不限于诗，也不限于比、兴。赋（直陈其事）也要用形象思维。姑举古代民歌《箜篌引》为例：

“公毋渡河，公竟渡河，渡河而死，将奈公何！”

这就是直陈其事，是一首三部曲的挽歌，完全使用形象思维，声泪俱下，感染力很强。我特别写这几句附记，因为近代文艺作品主要是散文作品，如果专就中国的诗中的比、兴着眼，就难免忽视形象思维在近代小说和戏剧中的重要作用。

拓展阅读

名师点拨

思想性是文艺的灵魂，文艺作品具有思想性，这本是文艺理论的常识，但现在很多流行的文学作品却在娱乐大众，朱先生认为这样的作品缺乏思想性，也不能给予大众以精神支持。朱先生认为文艺的“风格就是人格”，一个作家的毕生生活经验、文化教养和时代风尚形成他的“倾向”，这种“倾向”是作家的思想和情感交融的统一体，形成作家的人格的核心。因此，作家不是用概念，而是借助于作品，形成风格，形象化地表现他的人格。就此朱先生提出文艺不但要有理，而且要有情，情理交融的统一体才形成作家人格，才形成真正伟大的文艺作品。他反对教条和公式化、概念化，反对用概念性思想来指导、约束甚至吞并具体的形象思维。

回味思考

1.说说作品的“倾向”应该怎样表现出来？

2.为什么说文艺的“风格就是人格”？

好词收藏

振奋人心　稀罕　酝酿　斟酌　胡编乱造　鼓吹　隐蔽

好句积累

◔倾向性是一种总趋向，不必作为明确的概念性思想表达出来，而应该具体地形象地隐寓于故事情节发展之中。

九、文学作为语文艺术的独特地位

名师伴你读

朱先生一贯反对“空头美学家”，提倡大家都来进行一点创作实践，最便捷的选择当属文学。

朋友们：

前此我们已屡次谈到，研究美学不能不懂点艺术，否则就会变成“空头美学家”，摸不着美学的门。艺术究竟是怎么回事呢？它有哪些门类？各门艺术之间有什么关系和差别？这些都是常识问题，但是懂透也颇不易。

阐释

作者认为艺术是研究美学的门，从中可以看出作者对艺术是非常重视的。

“艺术”（Art）这个词在西文里本义是“人为”或“人工造作”。艺术与“自然”（现实世界）是对立的，艺术的对象就是自然。就认识观点说，艺术是自然在人的头脑里的“反映”，是一种意识形态；就实践观点说，艺术是人对自然的加工改造，是一种劳动生产，所以艺术有“第二自然”之称。自然也有“人性”的意思，并不全是外在于人的，也包括人自己和他的内心生活。人对自然为什么要加工改造呢？这问题也就是人为什么要劳动生产的问题。答案也很简单，劳动生产是为着适应人的物质生活和精神生活的需要，并且不断地日益改善和提高人的物质生活和精神生活。

设问

从作者关于人对自然为什么要加工改造的回答可以看出，自然已经深深地打上了人的烙印，是人化的自然。

一切艺术都要有一个创造主体和一个创造对象，因此，它就既要有人的条件，又要有物的条件。人的条件包括艺术家的自然资禀、人生经验和文化教养；物的条件包括社会类型、时代精神、民族特色、社会实况和问题，这些都是需要不断加工改造的对象；此外还要加上用来加工改造的工具和媒介（例如木、石、纸、帛、金属、塑料之类材料，造形艺术中的线条和颜色，音乐中的声音和乐器，文学中的语言之类媒介）。所以艺术既离不开人，也离不开物，它和美感一样，也是主客观的统一体。艺术和社会都在不断变化和改革中，经历着长期历史发展的过程。关于艺术的这些基本道理我们前此在学习马克思的《经济学—哲学手稿》和《资本论》、恩格斯的《自然辩证法》等经典著作的有关论述中已略见一斑了。

阐释

作者在这里是以艺术为中介，把人与物统一起来，把认识与实践统一起来。

最常见的艺术门类是诗歌、音乐、舞蹈（三种在起源时是统一体），建筑、雕刻和绘画（合称“造形艺术”），戏剧、小说以及近代歌剧、哑剧和电影剧之类综合性艺术。这些艺术之间的分别和关系，自从莱辛的《拉奥孔》问世以来，一直是西方美学界研究和讨论的问题。德国美学家们一般把艺术分为“空间性的”和“时间性的”两大类。属于空间艺术的有建筑、雕刻和绘画，其功用主要是“状物”，或写静态，描绘在空间中直立和平铺并列的事物形状；所涉及的感官主要是视觉，所用的媒介主要是线条和颜色。属于时间艺术的主要有舞蹈、音乐、诗歌和一般文学，其功用主要是叙事抒情，写动态，描绘在时间上先后承续的事物发展过程，所涉及的感官较多，音乐较单纯，只涉及听觉和节奏感中筋肉运动感觉，舞蹈、诗歌和一般文学则视觉、听觉和筋肉运动感觉都要起作用。时间艺术在所用的媒介方面有一个值得重视的差异，这就是其他各种艺术的媒介如声音、线条、色彩之类都是感性的，即可凭感官直接觉察到的；至于文学则用语言为媒介，而语言中的文字却只

阐释

从不同的角度对艺术门类有许多种分法，关于这些艺术之间的分类问题是讨论艺术时不可避免的问题。

读书笔记

是代表观念的一种符号，本身并无意义，例如“人”这一观念，各民族用来代表它的文字符号各不相同，英文用man，法文用homme，德文用Mensch，单凭这种文字符号并不能直接显出“人”的感性形象，只能显出“人”的观念或意义，所以语言这种媒介不是感性的而是观念性的，也就是说，语言要通过符号（字音和字形）间接引起对事物的观念。这个分别黑格尔在他的《美学》里也经常提到。这个分别就是使文学作为语言艺术具有独特地位的首要原因。

其次一个原因是各种艺术都要具有诗意。“诗”（Poetry）这个词在西文里和“艺术”（Art）一样，本义是“制造”或“创作”，所以黑格尔认为诗是最高的艺术，是一切门类的艺术的共同要素。维柯派美学家克罗齐还认为语言本身就是艺术，美学实际上就是语言学。各门艺术虽彼此有别，毕竟有基本共同点。例如莱辛虽严格区分过诗的画的界限，我国却很早就有诗画同源说。大诗人往往同时是大画家，王维就是一个著例，苏轼说过：“观摩诘之画，画中有诗；味摩诘之诗，诗中有画。”苏轼本人就同时擅长诗和画。在起源时诗歌、音乐和舞蹈本是三位一体的综合艺术，后来虽分道扬镳，仍是藕断丝连，例如在近代歌剧和电影剧乃至民间曲艺里，语言艺术都还是一个重要的组成部分。这些都足以见出文学作为语言艺术所占的独特地位。

文学的独特地位，还有一个浅而易见的原因。语言是人和人的交际工具，日常生活中谈话要靠它，交流思想感情要靠它，著书立说要靠它，新闻报道要靠它，宣传教育都要靠它。语言和劳动是人类生活的两大杠杆。任何人都不能不同语言打交道。不是每个人都会音乐、舞蹈、雕刻、绘画和演剧，但是除聋子和哑巴以外，任何人都会说话，都会运用语言。有些人

举例子

作者通过列举“人”这一观念，意在说明语言需要通过符号来间接地引起感性形象。

阐释

“分道扬镳”和“藕断丝连”两个成语十分清晰、形象地表明了诗歌、音乐和舞蹈这三种艺术之间的关系，从宏观上来看是可以区分的，但从微观上来看又彼此交织在一起。

阐释

什么是说话的艺术呢？从作者的描述中我们可以看出使听者感到舒适就是说话的艺术。

话说得好些，有些人话说得差些，话说得好就会如实地达意，使听者感到舒适，发生美感，这样的说话就成了艺术。说话的艺术就是最初的文学艺术。说话的艺术在古代西方叫作“修辞术”，研究说话艺术的科学叫作“修辞学”，和诗学占有同样重要的地位。古代西方美学绝大部分是诗学和修辞学，亚里士多德、朗吉弩斯、贺拉斯、但丁和文艺复兴时代无数诗论家都可以为证，专论其他艺术的美学著作是寥寥可数的。我国的情况也颇类似，历来盛行的是文论、诗论、诗话和词话，中国美学资料大部分也要从这类著作里找。我们历来对文学的范围是看得很广的，例如《论语》《道德经》《庄子》《列子》之类哲学著作，《左传》《国语》《战国策》《史记》《汉书》之类史学著作，《水经注》《月令》《考工记》《本草纲目》《齐民要术》之类科学著作乃至某些游记、日记、杂记、书简之类日常小品都成了文学典范。过去对此曾有过争论，有人认为西方人把文学限为诗歌、戏剧、小说几种大类型比较科学，其实那些人根本不了解西方学界情况，如果他们翻看一下英国的《万人丛书》或牛津《古典丛书》的目录，或是一部较好的文学史，就会知道西方人也和我们一样把文学的范围看得很广的。

阐释

作者在这里又为我们辨析了一个误区，即中西方在古代都是把文学的范围看得很广的，并没有对文学种类作严格的区分。

文学在各门艺术中既占有这样独特地位，它的媒介既是人人都在运用的语言，而它的范围又这样广阔，这些事实对我们有什么启发呢？我们每个人都在天天运用语言，接触到丰富多彩的社会生活，思想情感时时刻刻在动荡，所以既有了文学工具，又有了文学材料，那就不必妄自菲薄，只要努一把力，就有可能成为语言艺术家或文学家。当文学家并不是任何人的专利。在文学这门艺术方面有些实践经验，认识到艺术究竟是怎么一回事，有了这个结实基础，再回头研究美学，才能认清道路，不致暗中摸索，浪费时间。

每个人都可当文学家，不要把文学看作高不可攀。不过我在上文“只要努一把力”那个先决条件上加了着重符号，“怎样努力”这个问题就来了。文学各部门包括诗歌、戏剧和小说等的创作我都没有实践经验，关于这方面可以请教中外文学名著以及有关的理论著作，我不敢进什么忠告。我想请诸位特别注意的是语文的基本功。“工欲善其事，必先利其器”，语文就是文学的“器”。从我读到的青年文学家作品看，特别是从诸位向我表示决心要研究美学的许多来信看，多数人的语文基本功离理想还有些距离，用字不妥，行文不顺，生硬拖沓，空话连篇，几乎是常见的毛病。这也难怪诸位，从“四人帮”横行肆虐以来，我们都丧失了十几年的大好时光，没有按部就班地进行学习，而且学风和文风都遭到了败坏，我们耳濡目染的坏文章和坏作品也颇不少，相习成风，不以为怪。一些老作家除掉茅盾、叶圣陶、吕叔湘几位同志以外，也很少有人向我们号召要练语文基本功。我还记得三十年代左右，夏丏尊、叶圣陶和朱自清几位同志在《一般》和《中学生》两种青年刊物中曾特辟出“文章病院”，把有语病的文章请进这个“病院”里加以诊断剖析。当时我初放弃文言文，学写语体文，从这个“文章病院”中几位名医的言教和身教中确实获得不少的教益，才认识到语体文也要字斟句酌，于是开始努力养成字斟句酌的习惯，现在回想到那些名医，还深心铭感。我希望热心语文教学的老师们多办些“文章病院”，多做些临床实习，使患病的恢复健康，未患病的知道预防。

我国有句老话：“熟读唐诗三百首，不会吟诗也会吟。”过去我国学习诗文的人大半都从精选精读一些模范作品入手，用的是“集中全力打歼灭战”的办法，把数量不多的好诗文熟读成诵，反复吟咏，仔细揣摩，不但要懂透每字每句的确切意

阐释

许多人有要研究美学的决心，但却不打好语文的基本功，作者把这样血淋淋的现实摆在读者面前，就是告诫青年文学家们，只有打好了地基才能建造高楼。

比喻

在古代，书的数量不多，而且纸张贵，所以学生大都是花费多年的时间来研习一本书，作者用“集中全力打歼灭战”来形容这种读书方法，十分生动形象。

设问

作者通过这一问一答表明了自己对学语体文的态度，他认为要像古人学习文言文那样，不仅要浏览默读，更要高声朗诵。

引用

作者援引此句意在说明他所介绍的方法是自己慢慢探索出来的，是有限的，具体到实践中要具体情况具体分析，只要留心，每个人都可以探索出适合自己的学习方法。从中也可以看出先生对青年学生的谆谆教导。

义，还要推敲出全篇的气势脉络和声音节奏，使它沉浸到自己的心胸和筋肉里，等到自己动笔行文时，于无意中支配着自己的思路和气势。这就要高声朗诵，只浏览默读不行。这是学文言文的长久传统，过去是行之有效的。现在学语体文是否还可以照办呢？从话剧和曲艺演员惯用的训练方法来看，道理还是一样的。我在外国大学学习语文时，看到外国同学乃至作家们也有下这种苦练功夫的。我还记得英国诗人哈罗德·孟罗在世时在大英博物馆附近开了一个专卖诗歌书籍的小书店，每周定期开朗诵会，请诗人们朗诵自己的作品，我在那里曾听过夏芝、艾理阿特、厄丁通等诗人的朗诵，深受教益，觉得朗诵会是个好办法。三十年代文学杂志社中一些朋友也在我的寓所里定期办过朗诵会，到抗战才结束。朗读的不只是诗，也有散文，吸引了当时北京的一些青年作家，对他们也起了一些"以文会友"的观摩作用。现在广播电台里也有时举行这种朗诵会，颇受听众的欢迎。这种办法还值得推广，小型的文学团体也可以分途举办，它不但可提高文学的兴趣，也有助于语言的基本功。

语言基本功有多种多样的渠道，多注意一般人民大众的活的语言是一种，这是主要的；熟读一些文言的诗文也是一种，这两方面可说的甚多，现在不能详谈。"到处留心皆学问"，这就要靠各人自己去探索了。"勤学苦练"总是要联系在一起的，勤学重要，苦练则更重要，苦练就要勤写。为了谈一点写作练习，我特意把延安整风文件重温了一遍，特别是《反对党八股》那一篇。毛泽东同志对党八股的八大罪状申诉得极中肯，可谓"慨乎言之气"。近三十多年来全国人民对这篇经典著作都在学习而又学习，获益当然不浅，可是就当前文风的实际情况来看，"党八股"似未彻底清除，可见端正文风真不是一件易事。目前每个练习写作的青少年在冲破禁区、解放思想方面还要痛下决心，“做老实人，说老实话”，努力开辟自己的道路，千万不要再做风派人物，“人云亦云”。希望就只有寄托在新起的一代人身上了，所以诸位对文艺方面的移风易俗负有重大责任。我祝愿有勇气提起这副重大责任的人越来越多，替我们的文艺迎来一个光明的前途！

毛泽东同志在《反对党八股》里还引了鲁迅复“北斗杂志社”一封信里所举的八条写文章的规则之中的三条，对青年作家是对症下药的，值得每个青年作家悬为座右铭：

> 第一条：留心各样的事情，多看看，不看到一点就写。
>
> 第二条：写不出的时候不硬写。
>
> 第四条：写完后至少看两遍，竭力将可有可无的字、句、段删去，毫不可惜。宁可将可作小说的材料缩成速写，决不将速写材料拉成小说。

这三条都是作家的金科玉律，对于青年作家来说，第四条特别切合实际，要多作短小精悍的速写，不要一来就写长篇大作。我因此联想起德国青年爱克曼不畏长途跋涉，走向歌德求教，初到不久，歌德就谆谆教导他“不要写大部头作品”，说许多作家包括他自己在内都在“贪图写大部头作品上吃过苦头”，接着他就说出现由：

> 现实生活应该有表现的权利。诗人由日常现实生活触动起来的思想情感都要求表现，而且也应该得到表现。可是如果你脑子里老在想着写一部

引用

作者在这里通过援引毛泽东和鲁迅所列的写文章的规则，意在为广大青年人指明道路和方法，同时也可以看出名人大家对青年人所抱的期望。

联想

作者在解释这几条的时候，联想到歌德教导德国青年爱克曼的几句话，便说明了写短小精悍的重要性和必要性。

阐释

歌德在此陈述了自己为什么不让青年作家一开始就写长篇大作的理由，容易失去对生活和写作的兴趣、热情。

> 大部头的作品，此外一切都得靠边站，一切思虑都得推开，这样就要丧失掉生活本身的乐趣。……结果所获得的也不过是困倦和精力的瘫痪。反之，如果作者每天都抓住现实生活，经常以新鲜的心情来处理眼前事物，他就总可以写出一点好作品，即使偶尔不成功，也不会有多大损失（爱克曼：《歌德谈话录》，第4—5页，人民文学出版社1978年版）。

歌德的这番话劝青年作家多就日常现实生活作短篇速写，和鲁迅的教导是不谋而合的。这是一种走现实主义文艺道路的训练。特别是在现代繁忙生活中，每个人的时间都很宝贵，不容易抽出工夫去读"将速写拉成小说"的作品。速写不拉成小说，就要写得简练。我个人生平爱读的一部书是《世说新语》，语言既简练而意味又隽永，是典型的速写作品。刚才引的爱克曼的《歌德谈话录》也正是速写，可见速写也可以写出传世杰作，千万不要小看它。速写最大的方便在于无须费大力去搜寻题材，只要你听从鲁迅的第一条："留心各样的事情，多看看"的教导，速写的材料在日常生活中就俯拾即是，记一次郊游，替熟悉的朋友画个像，记看一次电影的感想，记一次学习会，对当天报纸新闻发一点小议论，给不在面前的爱人写封情书，或是替身边的小朋友编个小童话，讲个小故事，不都行吗？如果你相信我，说到就做到，马上就开始练习速写吧！练习到三五年，你不愁不能写出文学作品，也不愁一些美学问题得不到解决。

举例子

作者通过列举《世说新语》《歌德谈话录》等这些传世佳作的例子，旨在说明好的作品是不分短篇和长篇的，速写作品甚至更考验作家的语言能力。

拓展阅读

名师点拨

文学是用语言为媒介，而语言中的文字却只是代表观念的一种符号，本身并无意义。语言这种媒介不是感性的而是观念性，也就是说，语言要通过符号（字音和字形）间接引起事物的观念。文学作为语言艺术在艺术门类中占有独特的地位，“文学实际上就是语言学”。

回味思考

1.在朱先生看来为什么要打好语文基本功呢？

2.在朱先生看来应该如何学习语文呢？

3.鲁迅、歌德为什么都建议青年作家应该从写短小精悍的作品开始？你是如何看待的呢？

好词收藏

藕断丝连　寥寥可数　妄自菲薄　高不可攀　字斟句酌

好句积累

◔ 一切艺术都要有一个创造主体和一个创造对象，因此，它就既要有人的条件，又要有物的条件。

◔ 有些人话说得好些，有些人话说得差些，话说得好就会如实地达意，使听者感到舒适，发生美感，这样的说话就成了艺术。

◔ 从我读到的青年文学家作品看，特别是从诸位向我表示决心要研究美学的许多来信看，多数人的语文基本功离理想还有些距离，用字不妥，行文不顺，生硬拖沓，空话连篇，几乎是常见的毛病。

十、浪漫主义和现实主义

名师伴你读

我们常常用浪漫主义或现实主义这样的称号去评价一位作家或者一部作品，而在朱光潜先生看来，这样的做法就是在乱贴标签。

朋友们：

浪漫主义和现实主义是一个极难谈而又不能不谈的问题。难谈，因为这两个词都是在近代西方才流行，而西方文艺史家对谁是浪漫主义派谁是现实主义派并没有一致的意见。例如斯汤达和巴尔扎克都是公认的现实主义大师，而朗生在他的著名的《法国文学史》里，却把他们归到“浪漫主义小说”章，丹麦文学史家勃兰兑斯在他的名著《十九世纪欧洲文学主潮》里也把这两位现实主义大师归到“法国浪漫派”。再如福楼拜还公开反对过人们把他尊为现实主义的主教：

> 阐释
>
> “极难谈”和“不能不谈”表明浪漫主义和现实主义是谈论美学时必须要面对的问题，但也是一个很复杂的问题。

> 大家都同意称为“现实主义”的一切东西都和我毫不相干，尽管他们要把我看作一个现实主义的主教。……自然主义者所追求的一切都是我所鄙弃的。……我所到处寻求的只是美。

值得注意的是福楼拜和一般法国人当时都把现实主义和

自然主义看作一回事。以左拉为首的法国自然主义派也自认为是现实主义派。朗生在《法国文学史》里也把福楼拜归到“自然主义”卷里。我还想不起十九世纪有哪一位大作家把“浪漫主义”或“现实主义”的标签贴在自己的身上。

这问题难谈，还有涉及更实质性的一面，就是没有哪一位真正伟大的作家是百分之百的浪漫主义者或百分之百的现实主义者，实在很难在他们身上贴个名副其实的标签。关于这一点，高尔基在《我怎样学习写作》里说得最好：

> 在谈到像巴尔扎克、屠格涅夫、托尔斯泰、果戈理……这些古典作家时，我们就很难完全正确地说出，——他们到底是浪漫主义者，还是现实主义者。在伟大的艺术家们身上，现实主义和浪漫主义好像永远是结合在一起的（高尔基：《论文学》，第 163 页，人民文学出版社 1978 年版）。

姑举莎士比亚和歌德这两位人所熟知的大诗人为例。莎士比亚是近代浪漫运动的一个很大的推动力，过去文学史家们常把他的戏剧看作和“古典型戏剧”相对立的“浪漫型戏剧”，而近来文学史家们却把莎士比亚尊为“伟大的现实主义者”。究竟谁是谁非呢？两说合起来看都对，分开来孤立地看，就都不对。可是我们的文学史家和批评家们在苏联的影响之下，往往把现实主义和浪漫主义割裂开来，随意在一些伟大的作家身上贴上片面的标签。而且由于客观主义在我们中间有较广泛的市场，现实主义又错误地和客观主义混淆起来，因而就比主观色彩较浓的浪漫主义享有较高的荣誉。只要是个大作家，哪怕浪漫主义色彩很浓的诗人，例如拜伦、雪莱和普希金，

阐释

尽管我们现在对现实主义和自然主义作了非常详细的区分，但在福楼拜那个时代，现实主义和自然主义是基本等同的，作者旨在说明在特定历史阶段的称呼是不能脱离时代背景的。

阐释

这说明我们的文学史家和批评家们对现实主义和浪漫主义的区分是受各种因素影响的，不是客观的。

阐释

作者在此表明了自己的观点,即反对将浪漫主义和现实主义这样的本来是特定历史阶段的称呼硬套到其他时代与民族的文艺创作上去,而主张从“浪漫主义的”或“现实主义的”这样的创作方法的角度,对各时代和民族的文艺作出分析。

阐释

从歌德的话中可以看到他和席勒的分歧在于创作方法的不同,而不是后人为他们的作品所下的现实主义或浪漫主义的定义。

都成了只是现实主义者,他们的浪漫主义的一面就硬被抹杀掉了。这是对历史事实的歪曲,在读者中容易滋生误解。所以这个难问题还不能不谈。

浪漫主义和现实主义的区分,作为文艺流派和作为创作方法,是应该分别清楚的。作为创作方法,它适用于各个时代和各个民族;作为文艺流派,它只限于十八世纪末到十九世纪末的一个短暂的时间。过去西方常谈的是古典主义和浪漫主义,很少谈浪漫主义和现实主义,歌德就是一个著例。他在一八三〇年三月二十一日这样说过:

> 古典诗和浪漫诗的概念现已传遍全世界,引起许多争执和分歧。这个概念起源于席勒和我两人。我主张诗应采取从客观世界出发的原则,认为只有这种创作方法才可取。但是席勒却用完全主观的方法去写作,认为只有他那种创作方法才是正确的。为了针对我来为他自己辩护,席勒写了一篇论文,题为《论素朴的诗和感伤的诗》。他想向我证明:我违反了自己的意志,实在是浪漫的,说我的《伊菲革涅亚》由于情感占优势,并不是古典的或符合古代精神的,如某些人所相信的那样。施莱格尔弟兄(当时德国著名的文学史家和文艺批评家)。抓住这个看法把它加以发挥,因此它就在世界传遍了,目前人人都在谈古典主义和浪漫主义,这是五十年前没有人想得到的区别(《歌德谈话录》,第 221 页,人民文学出版社 1978 年版)。

这是涉及本题的最早的也是最重要的文献。歌德本人是标榜古典主义者，而依他的说明，古典主义“从客观世界出发”，所以就是现实主义。席勒“完全用主观的方法”创作，所以是走浪漫主义道路的。

歌德所谈到的席勒的长篇论文对本题也特别重要。席勒从人与自然的关系来区别古典诗（素朴的诗）与浪漫诗（感伤诗）。他认为在希腊古典时代，人与自然一体，共处相安，人只消把自然加以人化或神化，就产生素朴的诗；近代人已与自然分裂，眷念人类童年（古代）的素朴状态，就想“回到自然”，已去者不可复返，于是心情怅惘，就产生感伤的诗。素朴诗人所反映的是直接现实，感伤诗人却表现由现实提升上去的理想。依席勒看，古典主义和浪漫主义的对立就是现实主义与理想主义的对立。古典主义就是现实主义，这是他和歌德一致的；现实主义就是理想主义，这却是他的独特的看法。值得特别注意的是席勒在这篇论文里第一次在文艺上用了“现实主义”这个词（过去只用于哲学）。

无论是歌德还是席勒，都把浪漫主义和古典主义（实即现实主义）当作文艺创作方法来看，还没有把它们当作文艺流派来看，因为当时流派还没有正式形成。从历史发展看，浪漫运动起来较早，是西方资产阶级上升时期个人自由和自我扩张的思想的反映，是政治上对封建领主和基督教会联合统治的反抗，文艺上对法国新古典主义的反抗。这次反抗运动是由法国启蒙运动掀起的，继起的法国大革命又对它增加了巨大推动力，德国唯心主义哲学对它也起了很大的影响。德国古典哲学（包括美学）本身就是思想领域的浪漫运动。单就美学来说，康德、黑格尔和席勒等人对崇高、悲剧性、天才、自由和个性特征的研究，特别是把文艺放在历史发展的大轮廓里去看的初步尝试，都起了解放思想的作用，提高了人的尊严，深

阐释

从这里可以看出歌德和席勒是把浪漫主义和古典主义当作创作方法来看的，并没有把二者当作文艺流派来看，同时歌德也反对将二者当作文艺流派来严格区分。

阐释

作者在这里意在说明文学流派的形成加剧了人们对浪漫主义和古典主义的绝对化划分，使二者对立起来。

阐释

德国古典主义十分强调自由自在的事物，把主观能动性放置在一个特别的高度上，因而使人越发自由，充满虚幻和幻想。

化了人们对于文艺的理解和敏感。由于德国古典哲学是唯心的，把精神和物质的关系首尾倒置，而且把主观能动性摆在不恰当的高度，放纵情感，驰骋幻想，到了漫无约束的程度，产生了史雷格尔所吹嘘的“浪漫式的滑稽态度”，把世间一切看作诗人凭幻想任意摆弄的玩具。

浪漫主义又可分积极的和消极的两派。这个分别是首先由高尔基在《谈谈我怎样学习写作》里指出的：

> 在浪漫主义里面，我们也必须分别清楚两个极端不同的倾向：一个是消极的浪漫主义，——它或则是粉饰现实，想使人和现实妥协；或则是使人逃避现实，堕入自己内心世界的无益的深渊中去，堕入“人生命运之谜”，爱与死等思想里去……（另一个是）积极的浪漫主义，则企图加强人的生活意志，唤起人心中对现实及其一切压迫的反抗心。

举例子

华兹华斯在中、英两国有如此悬殊的地位的差别，主要是因为两国从不同的角度去看待华兹华斯的浪漫主义，作者列举此例旨在说明积极的浪漫主义与消极的浪漫主义是不能作严格区分的，应具体情况具体分析。

从此可见，这两种倾向的差别主要是人生观和政治立场的差别，有它的阶级内容。这当然是正确的，资产阶级文学史家们一般蔑视这种分别，是为着要掩盖社会矛盾，为现存制度服务。不过这个分别也不宜加以绝对化，积极的浪漫主义派往往也有消极的一面，消极的浪漫主义派往往也有积极的一面，应就具体情况作具体分析。例如在英国多数人眼中，在华兹华斯、雪莱和拜伦这三位浪漫派诗人之中，华兹华斯的地位最高，其次才是雪莱和拜伦，可是由于我们的文学史家们把雪莱和拜伦摆在积极的浪漫主义派，甚至摆在现实主义派，把华兹华斯摆在消极的浪漫主义派，甚至一棍子打死，根本不提，这不见得是公允的，或符合马克思主义的。

现实主义作为流派，单就起源来说，在西方比浪漫运动较迟，它反映资本主义社会弊病日益显露，资产阶级的幻想开始破灭。科学随工商业的发达所带来的唯物主义和实证主义对它也起了作用。它本身是对于浪漫运动的一种反抗。它不像浪漫运动开始时那样大吹大擂，而是静悄悄地登上历史舞台的。就连现实主义（Realism）的称号比起现实主义流派的实际存在还更晚。上文提到的席勒初次使用的“现实主义”指希腊古典主义，与近代现实主义流派不是一回事。作为流派而得到“现实主义”这个称号是在一八五〇年，一位并不出名的法国小说家向佛洛里（Chamflaury），与法国画家库尔柏（Courbet）和多弥耶（Daumier）等人办了一个以《Realisme》（现实主义）为名的刊物。他们倒提出了一个口号：“不美化现实”，显然受到荷兰画家冉伯伦等人（惯画平凡的甚至丑陋的老汉、村妇或顽童）的画风的影响。当时不但浪漫运动已过去，就连现实主义的一些西欧大师也已完成了他们的杰作，不可能受到这个只办了六期的“现实主义”刊物的影响。

对现实主义文艺提供理论基础的有两种著作值得一提。一种是斯汤达的论文《莱辛和莎士比亚》（可参看王道乾的译文，上海译文出版社1979年版）。这部著作被某些文学史家称为“现实主义作家宣言”，其实它的主旨是攻击新古典主义代表莱辛而推尊“浪漫型戏剧”开山祖莎士比亚的。他的名著《红与黑》的浪漫主义色彩也还很浓。另一种是实证主义派丹纳的《艺术哲学》（可参看傅雷的译文，人民文学出版社1963年版）。丹纳是应用心理学和社会学来研究美学的一位先驱，代表作是《论智力》，已为《艺术哲学》打下基础。他的基本观点是文艺的决定因素不外种族、环境（他所谓“社会圈子”）和时机三种。他还认为文艺要表现人类长久不变的本质特征，

读书笔记

阐释

从这里可以看出，事实上，现实主义产生了很久之后才出现现实主义这个称号的，从侧面说明了现实主义的出现不像浪漫主义那样张扬。

举例子

在作者看来，丹纳对人性的重视即把文艺与现实社会联系在一起，因而文艺作品充满现实主义。

而人性中对社会最有益的特征是孔德所宣扬的爱。不过丹纳的主要著作都在十九世纪后半期才出版，他不能看作现实主义者预定的纲领。

阐释

在这里，自然主义含有贬义指的是法国作家的自然主义作品中机械地描绘现实，对社会现实作事无巨细的描述，不具有普遍性，因而成为现实主义的滥觞。

法国人向来把现实主义叫作“自然主义”。不过法国以外的文学史家们一般却把现实主义和自然主义严格分开，而且“自然主义”多少已成为一个贬词，成为现实主义的尾巴或庸俗化。它的法国的开山祖和主要代表是左拉，他把实证科学过分机械地搬到小说创作里去。他很崇拜贝尔纳的《实验医学研究》，于是就企图运用这位医师的方法来建立所谓“实验小说”。他说：

> 在每一点上我都要把贝尔纳做靠山。我一般只消把“小说家”这个名称来代替“医生”这个名称，以便把我的思想表达清楚，使它具有科学真理的精确性(《实验小说》法文版，第2页)。

这里所说的“科学真理的精确性”，实际上指自然现象细节的真实性，而不要求抓住客观事物的本质。左拉在他的《卢贡家族的家运》里对一个家族及其所住的小镇市作了一百几十页的烦琐描述，可以为证。自然现象细节的真实性并不等于客观事物的本质和典型化。真正的现实主义所要求的是从具体客观事物出发，去伪存真，去粗取精，对客观事物加以典型化或现象化，显出客观事物的本质和规律，而自然主义虽然也从具体客观事物出发，却满足于依样画葫芦，特别侧重浮面现象的细节。这是现实主义和自然主义的基本分歧。

谈到现实主义，还要说明一下文学史家们所惯用的一个名词：“批判现实主义。”首创这个名词的是高尔基。他在一次和青年作家的谈话中，把近代现实主义作家称为资产阶级的“浪子”，指出他们用的是批判现实主义，其特点是：

> ……除了揭发社会恶习，描写家族传统，宗教教条和法规压制下的个人的生活和冒险外，它不能给人指出一条出路，它很容易地安于现状。

这是不是说批判现实主义是现实主义流派中一个支派呢？恐怕不能这样看。十八九世纪的现实主义大师们一般都是“资产阶级浪子”，都起了“揭发社会恶习”的作用，却也都没

阐释

现实主义和自然主义都是从客观事物出发，但自然主义满足于简单的对具体事物的描绘，而现实主义却是对客观事物加以典型化，显示出事物的本质，这就是二者的根本区别。“依样画葫芦”可以看出作者对自然主义简单模仿客观事物的讽刺。

设问

作者通过一个简单的设问说明了批判现实主义和现实主义不是部分与整体的关系，为二者的区分作了铺垫。

有“指出一条出路！”高尔基正是在肯定他们的功绩时，指出了他们的缺陷。

从上文所谈的可以看出：现实主义和浪漫主义作为流派与作为创作方法虽有联系，却仍应区别开来。作为流派，它在西方限于十八世纪末期到十九世纪末期，不过有一百年左右的历史。这是特定社会民族的特定时期的历史产物，我们不应把这种作为某一民族、某一时期流派的差别加以普遍化，把它生硬地套到其他时代的其他民族的文艺上去。可是在我们的文学史家们之中，这种硬套办法还很流行，说某某作家是浪漫主义派，某某作家是现实主义派。作为创作方法，任何民族在任何时期都可以有侧重现实主义与侧重浪漫主义之分。像歌德和席勒等人早就说过的，现实主义从客观现实世界出发，抓住其中本质特征，加以典型化；浪漫主义侧重从主观内心世界出发，情感和幻想较占优势。这两种创作方法的基本区别倒是普遍存在的。亚里士多德在《诗学》第二十五章就已指出三种不同的创作方法：

阐释

作者在这里告诫我们不要随意给某些文艺作品或作家归类，更不要随意给其贴上浪漫主义或现实主义的标签。

举例子

古希腊哲学家亚里士多德在《诗学》中就已经指出了不同的创作方法，作者以此为例意在说明要从创作方法的不同去区分文艺作品，而不是为文艺作品贴上不同流派的标签。

> 像画家和其他形象创造者一样，诗人既然是一种模仿者，他就必然在三种方式中选择一种去模仿事物：按照事物本来的样子去模仿，按照事物为人所说所想的样子去模仿，或是照事物的应当有的样子去模仿。

这三种之中第二种专指神话传说的创作方法，暂且不谈，第一种“按照事物本来的样子去模仿”便是现实主义，第三种“照事物应当有的样子去模仿”，从前一般叫做“理想主义”，也可以说就是浪漫主义，因为“理想”仍是人们主观方面的因素。

不过过去人们虽早已看出这种分别，却没有在这上面大做文章。等到十八九世纪作为流派的浪漫主义和现实主义各树一帜，互相争执，于是原先只是自在的分别便变成自觉的分别了。文艺史家和批评家抓住这个分别来检查过去文艺作品，也就把它们分派到两个对立的阵营中去了。例如有人说在荷马的两部史诗之中，《伊利亚特》是现实主义的，而《奥德赛》却是"浪漫主义"的，并且有人因此断定《奥德赛》的作者不是荷马而是一位女诗人，大概是因为女子较富于浪漫气息吧？

阐释

自在到自觉，说明人们受流派明确区分的影响很深，已经自觉将浪漫主义和现实主义互相对立起来了。

我个人仍认为两种创作方法虽然是客观存在，却不宜过分渲染，使旗帜那样鲜明对立。我还是从主客观统一的观点来看待这个问题。诗是反映客观事物的，而反映客观事物却要通过进行创作的诗人，这里有人有物，有主体，有客体，缺一不行。这问题的正确答案还是所引过的高尔基的那段话；不妨重复一下其中关键性的一句：

> 在伟大的艺术家们身上，现实主义和浪漫主义时常好像是结合在一起的。

高尔基曾指责批判现实主义"不能给人指出一条出路"，出路何在？当然在革命。所以在我们的社会主义时代，我还是坚信毛泽东同志的"革命的现实主义与革命的浪漫主义相结合"的主张。是否随苏联提"社会主义现实主义"较好呢？我还没有想通，一、为什么单提现实主义而不提浪漫主义呢？二、如果涉及过去文艺史，是否也应在"现实主义"之上安一个"奴隶社会""封建社会"或"资本主义"的帽子呢？对这个问题我才开始研究，还不敢下结论。这也是一个重要问题，请诸位也分途研究一下。

设问

作者在这里是赞成高尔基的看法的，只有靠革命才能走出属于自己的道路。

拓展阅读

名师点拨

在《谈美书简》中，有很多关于美学具体问题的论述，这对于我们初学美学、开始接近美学的青年更具有解决实际问题、排除疑惑的重要作用。在这封信中朱先生就谈到了浪漫主义与现实主义这个基本问题。

朱光潜认为浪漫主义与现实主义的区分作为文艺流派和作为创作方法是应该分别清楚的，但是同时注意到我们在欣赏文艺作品的时候，没有必要机械地给某个作家或具体作品贴上现实主义或浪漫主义的标签。朱光潜先生反对将“浪漫主义”或“现实主义”这样的本来是特定历史阶段的称呼硬套到其他时代与民族的文艺创作上去，而主张从“浪漫主义的”或“现实主义的”这样的创作方法的角度，对各时代和民族的文艺作出分析。与此同时，朱光潜先生认为不能把浪漫主义与现实主义的区分绝对化。他非常赞同高尔基这样一句话：“在伟大的艺术家们身上，现实主义和浪漫主义时常好像是结合在一起的。”而事实的确如此。朱先生在信中做如此详细的区分和解疑，对于接近美学的青年来说实在是大有裨益。

回味思考

1. 朱先生认为不能把浪漫主义和现实主义的区分绝对化的原因是什么呢？

2.批判现实主义与现实主义有什么相同和不同之处呢？

3. 朱先生在信的最后提出的两个问题你能解答一下吗？请谈谈你的看法。

十一、典型环境中的典型人物

名师伴你读

“典型环境中的典型人物”是一个老生常谈的问题，那么朱先生在这里为什么要重新再谈呢？我们来看看他的回答。

朋友们：

前信略谈了各门艺术的差别和关系以及文学作为语言艺术的独特地位，在这个基础上就可接着谈文学创作中“典型环境中的典型人物”这个重要问题了。

> **阐释** 从这里可以看出作者写这十三封信背后的逻辑顺序。

艺术创作的功用不外是抒情、状物、叙事和说理四大项。各门艺术在这四方面各有特点，例如音乐和抒情诗歌特长于抒情，雕刻和绘画特长于状物，史诗、戏剧和小说特长于叙事，一般散文作品和文艺科学论著特长于说理。说理文做得好也可以成为文学典范，例如柏拉图的《对话集》、庄周的《庄子》、莱布尼兹的《原子论》和达尔文的《物种起源》。总的来说，文学对上述四大方面都能胜任愉快，而特长在叙事，“典型环境中的典型人物”也主要涉及叙事。事就是行动，即有发展过程的情节。行动的主角就是亚里士多德所说的“在行动中的人”，即人物、人物性格（Character）这个词在西文中所指的实即中国戏剧术语的“角色”。Character 的派生词 Characterestic 是“特征”。在近代文艺理论中“特征”也带有“典型”的意思。典型

> **引用** 这句话出自亚里士多德的《诗学》中对悲剧的定义，“悲剧模仿的是一段完整的行动”，强调情节的作用。

阐释

这句话的主要意思是说英文中的词可以派生出多个含义。

阐释

作者在这里为“环境”作了详细的阐明，意在说明描写现实需要具有典型性，并且要具有倾向性。

阐释

亚里士多德强调的某一类型的人意思是悲剧中主人公的人物形象是高大的、严肃的，是个性与共性的统一。

（希腊文Tupo，英文Type）的原义是铸物的模子，同一模型可以铸造出无数的铸件。这个词在希腊文与Ldee为同义词，Ldee的原义为印象或观念，引申为ideal即理想，因此在西文中过去常以“理想”来代替“典型”，在近代，“理想”和“典型”也有时互换使用。“环境”指行动发生的具体场合，即客观现实世界，包括社会类型、民族特色、阶级力量对比、文化传统和时代精神，总之，就是历史发展的现状和趋势。这些词有时引起误解，所以略加说明。

亚里士多德在《诗学》第九章里曾对艺术典型作了很好的说明，到近代，西方文艺理论家们才逐渐理解它的很深刻的意义。其文如下：

> 诗人的职责不在描述已发生的事，而在描述可能发生的事，即按照可然律和必然律是可能的事。……因此，诗比历史是更哲学的，更严肃的，因为诗所说的大半带有普遍性，而历史所说的则是个别的事。所谓普遍性是指某一类型的人，按照可然律或必然律，在某种场合会做些什么事，说些什么话，诗的目的就在此，尽管它在所写的人物上安上姓名。

由此可见，亚里士多德强调艺术典型须显出事物的本质和规律，不是于事已然，而是于理当然；于事已然都是个别的，于理当然就具有普遍性，所以说诗比历史更是哲学的，更严肃的，也就是具有更高度的真实性。不过诗所写的还是个别人物，即“安上姓名的”人物。在个别人物事迹中见出必然性与普遍性，这就是一般与特殊的统一，正是艺术典型的最精确的意义。

毛泽东同志《在延安文艺座谈会上的讲话》里对艺术典型也说得极透辟：

> 人类的社会生活虽是文学艺术的唯一源泉，虽是较之后者有不可比拟的生动丰富的内容，但是人民还是不满足于前者而要求后者。这是为什么呢？因为虽然两者都是美，但是文艺作品中反映出来的生活却可以而且应该比普通的实际生活更高，更强烈，更有集中性，更典型，更理想，因此就更带普遍性。革命的文艺，应当根据实际生活创造出各种各样的人物来，帮助群众推动历史的前进（《毛泽东选集》第3卷，第818页，人民出版社1967年版）。

这在强调文艺比实际生活更高等方面，与亚里士多德的话不谋而合，但在新的形势下毛泽东同志特别点出革命的文艺“帮助群众推动历史前进”的教育作用。

在西方，亚里士多德的《诗学》长期没有发生影响，而长期发生影响的是罗马文艺理论家贺拉斯（公元前65—公元8年）的《诗艺》。这位拉丁古典主义代表把典型狭窄化为“类型”和“定型”。亚里士多德所强调的普遍性不是根据统计平均数而是符合事物的本质和规律，贺拉斯的“类型”则论量不论质，普遍性不是合理性而是代表性，具有类型的人物就是他那一类人物的代表。贺拉斯在《诗艺》里劝告诗人说：“如果你想听众屏息静听到终场，鼓掌叫好，你就必根据每个年龄的特征，把随着年龄变化的性格写得妥帖得体，……不要把老年人写成青年人，把小孩写成成年人。”可见类型便是同类人物的常态，免不了公式化、概念化，既不顾具体环境，也不顾人物的个性。

阐释

把人类社会生活的丰富程度与文学艺术做比较，意在强调文学艺术取之于生活，但高于生活。

阐释

艺术来源于生活，且高于生活。文艺作品比现实生活的“高”就在于前者需要对后者予以艺术化的处理和加工，使前者不仅能够反映现实，还能够推动历史发展。

引用

作者援引贺拉斯这句名言意在说明典型人物是同类型人物中的典型，是具有代表性的人物。

类型之外，贺拉斯还提出“定型”。他号召诗人最好借用古人在神话传说或文艺作品中已经用过的题材和人物性格，古人把一个人物性格写成什么样，后人借用这个人物性格，也还应写成那样，例如荷马把阿喀琉斯写成“暴躁、残忍和凶猛的人物”，你借用这个古代英雄，也就得把他写成像荷马所写的那样。这种“定型”正是中国旧戏所常用的，例如写曹操或诸葛亮，你就得根据《三国演义》，写宋江或鲁智深，你就得根据《水浒传》，写林黛玉或尤三姐，你就得根据《红楼梦》。

举例子

作者以中国古典文学作品中的“定型”人物为例，意在说明典型人物的公式化和概念化。

贺拉斯之后，西方文艺理论发生影响最大的是十七世纪法国新古典主义代表布瓦洛，他也写过一本《诗艺》，也跟着贺拉斯宣扬类型和定型。这种使典型庸俗化和固定化的类型为一般而牺牲特殊，为传统而牺牲现实，当然不合我们近代人的口味，但是在过去却长期受到欣赏。理由大概有两种，一种是过去统治阶级（特别是封建领主）为了长保政权，要求一切都规范化和稳定化，类型便是文艺上的规范化，定型便是文艺上的稳定化。也是为了这种政治原因，过去在文艺上登上舞台的主角一般就是在政治上登上舞台的领导人物，他们总是被美化成威风凛凛不可一世的英雄，至于平民一般只能当喜剧中的丑角乃至“跑龙套的”，在正剧中至多也只当个配角。类型和定型盛行的另一个理由是被统治阶级的文化就是统治阶级的文化，一般倾向保守。所以一般听众对自己所熟知的人物和故事比对自己还很生疏的题材和音调还更喜闻乐见。就连我们自己也至今还爱听《三国演义》《封神榜》和《水浒传》之类旧小说中的故事和取材于它们的戏剧和曲艺。

解释说明

作者意在说明文艺作品中人物定型化的一个重要原因，即受统治阶级的影响。

阐释

在作者看来，不管统治阶级为了自己的统治是如何规范文艺，对于一般听众而言，他们最喜闻乐见的还是自己所熟知的人物的故事。

话虽如此说，自从近代资产阶级登上历史舞台以来，艺术典型观也确实起了两个重大的转变。一、在一般与特殊（共性与个性）的对立关系上，重点由共性转向个性，终于达到共性与个性的统一。解放个性原是新兴资产阶级的一个理想。二、在人物行动的动因方面，艺术典型由蔑视或轻视环境转向重视环境，甚至比人物性格还看得更重要。从前只讲人物性格，现在却讲“典型环境中的典型人物”。这主要由于近代社会政局的激变与自然科学和社会科学的发展而造成的。在美学中这两大转变由德国古典哲学特别是黑格尔哲学开其端，由马克思主义创始人在批判黑格尔的基础上集其大成。现在分述如下：

叙述

作者在这里点明了现在重提“典型环境中的典型人物”的原因，即与社会政局和自然科学与社会科学的发展有关。

艺术典型作为共性与个性的统一体所涉及的首要问题是在创作过程中究竟先从哪一方面出发，是从共性还是从个性？这也就是从公式、概念出发还是从具体现实人物事迹出发？首先提出这个问题的是德国诗人歌德。他在一八二四年的《关于艺术的格言和感想》中有一段著名的语录：

> 诗人究竟为一般而找特殊，还是在特殊中显出一般，这中间有很大的分别。由前一种程序产生出寓意诗，其中特殊只作为一个例证才有价值。后一种程序才适合诗的本质，它表现出一种特殊，并不想到或明指出一般，谁如果生动地掌握住这特殊，他就会同时获得一般而当时却意识不到，或是事后才意识到。

解释说明

歌德这段话告诉我们在艺术创作中要务实创新，从具体出发，再提炼到一定的高度，最后塑造成艺术典型。

这个提法很好地解决了形象思维与文艺思想性的关系问题，是一个现实主义的提法，在当时美学界产生了广泛的影响。

黑格尔受歌德的影响就很深，在他的《美学》里多次提到歌德的这类思想。但是他的“理念的感性显现”那个著名的美的定义（亦即艺术典型的定义）显然还是从概念出发，带有客

阐释

黑格尔比歌德的进步之处就在于黑格尔认识到了典型环境的重要作用，并明晰了“环境”的概念。

观唯心主义的烙印。不过他比歌德毕竟前进了一步，他认识到歌德还没有认识到或没有充分强调过的典型人物性格与典型环境的统一而典型环境起着决定典型人物性格的作用。“环境”在黑格尔的词汇中叫作“情境”（Situation），是由当时“世界情况”（Weltzustand）决定的。世界情况包括他有时称之为“神”的“普遍力量”，即某特定时代的伦理、宗教、法律等方面的人生理想，例如恋爱、名誉、光荣、英雄气质、友谊、亲子爱之类所凝成的“情致”。这些情致各有片面性，在特定情境中会导致冲突斗争（例如忠孝不能两全的情境）。在这种情境中当事人须在行动上决定何去何从，这时才可以显出他的性格，才“揭露出他究竟是什么样的人”，“人格的伟大和刚强的程度只有借矛盾对立的伟大和刚强的程度才能衡量出来”。他这样运用辩证发展的观点来说明人物性格的形成，是颇富于启发性的。他的著名的悲剧学说就是根据这种辩证观点提出来的。

引用

作者援引这句话意在说明在情节中建立冲突的重要性，就如古希腊神话中的俄狄浦斯王一般，在两难的选择中突出人物的高大和悲壮。

黑格尔虽从“理念”出发，却仍把重点放在“感性显现”上，体现理想的人仍必须是一个活生生的有血有肉的人，他说得很明确：

> 每个人都是一个整体，本身就是一个世界，每个人都是一个完满的有生气的人，而不是某种孤立的性格特征的寓言式的抽象品（黑格尔：《美学》第1卷，第303页，商务印书馆1979年版）。

引用

黑格尔在这里强调的是人的统一性和整体性，也就是马克思和恩格斯所说的典型人物。

在这一点上他毕竟仍和歌德一致，他在《美学》中对一些人性格的分析也显出了这一点。

马克思主义创始人就是在批判继承黑格尔的美学体系中形成他们的艺术典型观的。恩格斯在致敏·考茨基的信里谈她的《旧人与新人》时说：

> ……每个人都是典型，但同时又是一定的个人。正如黑格尔老人所说的，是“一个这个”(Ein dieser)，而且应当是如此(《马克思恩格斯选集》第4卷，第453页，人民出版社1972年版。译文略有改动)。

不少的读者(包括过去的我自己)感到“一个这个”很费解。其实这个出自《精神现象学》的词组原指“一个这样的具体感性事物”，在这里就指“一个这样的具体人物”，亦即上文“一定的个人”，仍须和上文“每个人都是典型”句联系在一起来看，仍是强调典型与个性的统一。恩格斯在下文批评《旧人与新人》的缺点说，“爱莎过于理想化”，“在阿尔诺德身上，个性就更多地消融到原则里去了”，就是说概念淹没了个性，还不够典型。从此可以体会出上引一段话与其说是称赞《旧人与新人》，倒不如说是陈述他自己的艺术典型观，特别是因为他引了黑格尔的话之后加上了“而且应当如此”。

阐释

从中可以看出恩格斯强调典型的观点，且典型必须是共性与个性的统一。

已成成语的“典型环境中的典型人物”是由恩格斯在《致玛·哈克纳斯的信》中首次提出的：

> 据我看来，现实主义的意思是，除细节的真实外，还要真实地再现典型环境中的典型人物(《马克思恩格斯选集》第4卷，第462页，人民出版社1972年版)。

说明

恩格斯认为《城市姑娘》在塑造典型人物方面是足够的，但是应该塑造出在典型环境下的典型人物，即《城市姑娘》中的典型人物是脱离了现实环境的。

恩格斯认为《城市姑娘》还不完全是现实主义的，因为作者对其中人物在消极被动方面的描绘，虽说是够典型的，“但是环绕着这些人物并促使他们行动的环境也许就不是那样典型了”。故事情节发生在一八八七年左右，当时工人运动已在蓬勃发展，而《城市姑娘》却把当时工人阶级描写成消极被动的一群，等待“来自上面”的恩施，这就不符合历史发展的真实情况，也就是说，环境不够典型。环境既是“环绕着书中人物而促使他们行动的”，环境既不是典型的，人物也就不可能是典型的了。恩格斯与人为善，话往往说得很委婉，在肯定他的人物够典型之前加上一句“在他们的限度之内”（So far as they go，信原是用英文写的），也就是说“像你所设想的他们那样消极被动”。这封信值得特别注意的是恩格斯把“真实地再现典型环境中的典型人物”看作现实主义的主要因素。典型既然这样与现实主义联系起来，双方都因此获得一个新的更明确的含义，就是符合历史发展的真实情况。马克思和恩格斯都推尊巴尔扎克的《人间喜剧》，也正因为它真实地反映了一八一六年至一八四八年的历史发展中一些典型环境中的典型人物。

阐释　作者在此阐明了“典型环境中的典型人物”在现实社会中的重要作用，不仅可以反映现实，还可以推动历史的发展。

最能说明典型须符合历史发展真实情况的是马克思和恩格斯分别答复拉萨尔的两封信。他们不约而同地都指责拉萨尔所谓“革命悲剧”《佛朗茨·封·济金根》里把一个已没落而仍力图维护特权的封建骑士，写成一个要求宗教自由和民族统一的新兴资产阶级代言人，向罗马教廷和封建领主进行斗争。拉萨尔没有看到当时革命势力是闵泽尔所领导的农民和城市平民。他这个机会主义者竟歪曲了当时历史发展的情况和趋势。更荒谬的是他把十七世纪的德国封建骑士的内讧的失败说成“革命悲剧”，而且认为后来的法国革命和一八四八年的欧洲各国革命的失败也都是复演那次骑士内讧的悲剧，并预言将来的革命也会复演那次悲剧，理由是革命者“目的无限而手段有限”，不得不耍“外交手腕”进行欺骗。这就不但根

举例子　作者列举拉萨尔的例子目的是为了论证马克思和恩格斯所说的历史发展必须符合历史发展的真实情况。

本否定了革命，也否定了历史发展和典型环境中的典型人物。他甚至扬言农民起义比起骑士内讧还更反动。马克思看出他不可救药，便不再回他的信，于是轰动一时的“济金根论战”便告结束。

从上引几封信看，马克思主义创始人都把典型环境看作决定人物性格的因素，而典型环境的内容首先是当时阶级力量的对比。他们的态度始终是朝前看的，他们的同情始终是寄托在前进的革命的一方。他们赋予典型环境中的典型人物性格以一种崭新的意义：典型环境是革命形势中的环境，典型人物也是站在革命方面的人物。我们研究剧本和小说，如果经常根据马克思主义的典型观，对环境和人物性格都进行认真的分析，对文学作品和美学理论的理解就会比较深透些，今后不妨多在这方面下功夫。

阐释

作者在此强调马克思和恩格斯提出的“典型环境中的典型人物”和现实紧密相连，对历史发展具有推动作用。

拓展阅读

名师点拨

朱光潜先生在这封信中详细分析了马克思和恩格斯提出的“典型环境中的典型人物”。“环境”指“行动发生的具体场合，即客观现实世界，包括社会类型、民族特色、阶级力量对比、文化传统和时代精神，总之，就是历史发展的现状和趋势”。典型环境起着决定典型人物性格的作用。“人格的伟大和刚强只有借矛盾对立的伟大和刚强的程度才能衡量出来。”“典型环境中的典型人物”，这是马克思、恩格斯的典型观中的一个基本原则。此外，恩格斯把“真实地再现典型环境中的典型人物”看作现实主义的主要因素，朱先生以此强调“典型环境中的典型人物”和现实的关系，并从社会实际出发，让前者更好地为后者服务。

回味思考

1.什么是“典型环境中的典型人物”？

2.为什么说“典型环境中的典型人物”与现实主义密切相关？

3.试着列举一部文学作品，结合作品谈谈你对“典型环境中的典型人物”的理解。

好词收藏

不谋而合　残忍　庸俗　威风凛凛　不可一世　喜闻乐见

好句积累

◔ 黑格尔受歌德的影响就很深，在他的《美学》里多次提到歌德的这类思想。但是他的“理念的感性显现”那个著名的美的定义（亦即艺术典型的定义）显然还是从概念出发，带有客观唯心主义的烙印。

◔ 马克思和恩格斯都推尊巴尔扎克的《人间喜剧》，也正因为它真实地反映了一八一六年至一八四八年的历史发展中一些典型环境中的典型人物。

◔ 拉萨尔没有看到当时革命势力是闵泽尔所领导的农民和城市平民。他这个机会主义者竟歪曲了当时历史发展的情况和趋势。

◔ 马克思看出他不可救药，便不再回他的信，于是轰动一时的“济金根论战”便告结束。

十二、审美范畴中的悲剧性和喜剧性

名师伴你读

悲剧与喜剧是两种不同的艺术体裁，具有两种不同的审美特性。悲剧与喜剧很难截然划分，从根本上说，是因为现实世界的矛盾本来就很复杂，纵横交错，很难分出悲喜。

朋友们：

诸位来信有问到审美范畴的。范畴就是种类。审美范畴往往是成双对立而又可以混合或互转的。例如与美对立的有丑，丑虽不是美，却仍是一个审美范畴。讨论美时往往要联系到丑或不美，例如马克思在《经济学—哲学手稿》里就提到劳动者创造美而自己却变成丑陋畸形。特别在近代美学中丑转化为美已日益成为一个重要问题。丑与美不但可以互转，而且可以由反衬而使美者愈美，丑者愈丑。我们在第二封信里就已举例约略谈到丑转化为美以及肉体丑可以增加灵魂美的问题。这还涉及自然美和艺术美的差别和关系的问题。对这类问题深入探讨，可以加深对辩证唯物主义的理解。

举例子 文学作品中常有化丑为美的作品，比如雨果的《巴黎圣母院》，作者此意在说明审美范畴往往是既对立又互相转化的，需要具体分析。

美与丑之外，对立而可混合或互转的还有崇高和秀美以及悲剧性与喜剧性两对审美范畴。既然叫作审美范畴，也就要隶属于美与丑这两个总的范畴之下。崇高（亦可叫作“雄伟”）与秀美的对立类似中国文论中的“阳刚”与“阴柔”。我在旧著《文艺心理学》第十五章里曾就此详细讨论过。例如狂风暴雨、峭岩悬瀑、老鹰古松之类自然景物以及莎士比亚的《李尔王》、米琪尔安杰罗的雕刻和绘画、贝多芬的《第九交响曲》、屈原的《离骚》、庄子的《逍遥游》和司马迁的《项羽本纪》、阮籍的《咏怀》、李白的《古风》一类文艺作品，都令人起崇高或雄伟之感。春风微雨、娇莺嫩柳、小溪曲涧荷塘之类自然景物和赵孟頫的字画、《花间集》、《红楼梦》里的林黛玉、《春江花月夜》乐曲之类文艺作品都令人起秀美之感。崇高的对象以巨大的体积或雄伟的精神气魄突然向我们压来，我们首先感到的是势不可挡，因而惊惧，紧接着这种自卑感就激起自尊感，要把自己提到雄伟对象的高度而鼓舞振奋，感到愉快。所以崇高感有一个由不愉快而转化到高度愉快的过程。一个人多受崇高事物的鼓舞可以消除鄙俗气，在人格上有所提高。至于秀美感则是对娇弱对象的同情和宠爱，自始至终是愉快的。刚柔相济，是人生应有的节奏。崇高固可贵，秀美也不可少。这两个审美范畴说明美感的复杂性，可以随人而异，也可以随对象而异。

叙述

作者在此详细阐明了崇高给人带来愉快的过程，旨在说明崇高事物对人在品德上的提高。

至于悲剧和喜剧这一对范畴在西方美学思想发展中一向就占据特别重要的地位，这方面的论著比任何其他审美范畴的都较多。我在旧著《文艺心理学》第十六章“悲剧的喜感”里和第十七章“笑与喜剧”里已扼要介绍过，在新著《西方美学史》里也随时有所陈述，现在不必详谈。悲剧利喜剧都属于戏剧，在分谈悲剧与喜剧之前，应先谈一下戏剧总类的性质。戏剧是对人物动作情节的直接模仿，不是只当作故事来叙述，而是用活人为媒介，当着观众直接扮演出来，所以它是一种最生动鲜明的艺术，也是一种和观众打成一片的艺术。人人都爱看戏，不少的人都爱演戏。戏剧愈来愈蓬勃发展。黑格尔曾

阐释

作者在这里为戏剧下了定义，即戏剧是一种用活人为媒介当着观众直接模仿人物动作情节、和观众打成一片的最生动鲜明的艺术。

把戏剧放在艺术发展的顶峰。西方几个文艺鼎盛时代，例如古代的希腊，文艺复兴时代的英国、西班牙和法国，浪漫运动时代的德国都由戏剧来领导整个时代的文艺风尚。我们不禁要问：戏剧这个崇高地位是怎样得来的？要回答这个问题，还要“数典不能忘祖”。不但人，就连猴子鸟雀之类动物也模仿同类动物乃至人的声音笑貌和动作来做戏。不但成年人，就连婴儿也爱模仿所见到的事物来做戏，表现出离奇而丰富的幻想，例如和猫狗乃至桌椅谈话，男孩用竹竿当作马骑，女孩装着母亲喂玩具的奶。这些游戏其实就是戏剧的雏形，也是

举例子

作者列举这些时期是为了说明长久以来，悲剧和喜剧这一对范畴在西方美学思想发展中占据特别重要的地位。

阐释

从这里可以看出作者认为可从研究"儿戏"入手了解一些审美常识。同时也为下文作铺垫。

设问

通过这一问一答，作者意在说明文艺的消遣作用对人的重要意义。

解释说明

这里的"放风"指的是戏剧中的"净化"或宣泄，即悲剧激起恐惧和哀怜这两种本来不健康的悲剧情感，使它们得以"净化"或"发散"，从而起到健康人的心理的作用。

对将来实际劳动生活的学习和训练。多研究一下"儿戏"，就可以了解关于戏剧的许多道理。首先是儿童从这种游戏中得到很大的快乐。这种快乐之中就带有美感。人既然有生命力，就要使他的生命力有用武之地，就要动，动就能发挥生命力，就感到舒畅；不动就感到"闷"，闷就是生命力被堵住，不得畅通，就感到愁苦。汉语"苦"与"闷"连用，"畅"与"快"连用，是大有道理的。马克思论劳动，也说过美感就是人使各种本质力量能发挥作用的乐趣。人为什么爱追求刺激和消遣呢？都是要让生命力畅通无阻，要从不断活动中得到乐趣。因此，不能否定文艺（包括戏剧）的消遣作用，消遣的不是时光而是过剩的精力。要惩罚囚犯，把他放在监狱里还戴上手铐脚镣，就是逼他不能自由动弹而受苦，所以囚犯总是眼巴巴地望着"放风"的时刻。我们现在要罪犯从劳动中得到改造，这是合乎人道主义的。我们正常人往往进行有专责的单调劳动，只有片面的生命力得到发挥，其他大部分生命力也遭到囚禁，难得全面发展，所以也有定时"放风"的必要。戏剧是一个最好的"放风"渠道，因为其他艺术都有所偏，偏于视或偏于听，偏于时间或偏于空间，偏于静态或偏于动态，而戏剧却是综合性最强的艺术，以活人演活事，使全身力量都有发挥作用的余地，而且置身广大群众中，可以有同忧同乐的社会感。所以戏剧所产生的美感在内容上是最复杂、最丰富的。

无论是悲剧还是喜剧，作为戏剧，都可以产生这种内容最复杂也最丰富的美感。不过望文生义，悲喜毕竟有所不同，关于悲剧的喜感，西方历来都以亚里士多德在《诗学》里的悲剧净化论为根据来进行争辩或补充。依亚里士多德的看法，悲剧应有由福转祸的结构，结局应该是悲惨的。理想的悲剧主角应该是"和我们自己类似的"好人，为着小过失而遭到大祸，不是罪有应得，也不是完全无过错，这样才既能引起恐惧和哀怜，又不致使我们的正义感受到很大的打击。恐惧和哀怜这两种悲剧情感本来都是不健康的，悲剧激起它们，就导致它们的“净化”或“发散”（Katharsis），因为像脓包一样，把它戳穿，让它发散掉，就减轻它的毒力，所以对人在心理上起健康作用。这一说就是近代心理分析派弗洛伊德（S.Freud）的“欲望升华”或“发散治疗”说的滥觞。依这位变态心理学家的看法，人心深处有些原始欲望，最突出的是子对母和女对父的性欲，和文明社会的道德法律不相容，被压抑到下意识里形成“情意综”，作为许多精神病例的病根。但是这种原始欲望也可采取化装的形式，例如神话、梦、幻想和文艺作品往往就是原始欲望的化装表现。弗洛伊德从这种观点出发，对西方神话、史诗、悲剧乃至近代一些伟大艺术家的作品进行心理分析来证明文艺是“原始欲望的升华”。这一说貌似离奇，但其中是否包含有合理因素，是个尚待研究的问题。他的观点在现代西方还有很大的影响。

此外，解释悲剧喜感的学说在西方还很多，例如柏拉图的幸灾乐祸说，黑格尔的悲剧冲突与永恒正义胜利说，叔本华的悲剧写人世空幻、教人退让说，尼采的悲剧为酒神精神和日神精神的结合说。这些诸位暂且不必管，留待将来参考。

关于喜剧，亚里士多德在《诗学》里只留下几句简短而颇深刻的话：

> 喜剧所模仿的是比一般人较差的人物。“较差”并不是通常所说的“坏”（或“恶”），而是丑的一种形式。可笑的对象对旁人无害，是一种不致引起痛感的丑陋或乖讹。例如喜剧的面具既怪且丑，但不致

比喻

作者把恐惧和悲哀这两种不健康的情感比作脓包，以此来说明悲剧的净化作用，形象生动。

阐释

从这里可以看出弗洛伊德认为，人心深处有些和文明社会的道德法律不相容而被压抑的情结，但它也可采用化装的形式，通过文艺作品进行宣泄。

引起痛感。

这里把“丑”或“可笑性”作为一种审美范畴提出，其要义就是“谑而不虐”。不过这只是现象，没有说明“丑陋或乖讹”何以令人发笑，感到可喜。近代英国经验派哲学家霍布士提出“突然荣耀感”说作为一种解释。霍布士是主张性恶论的，他认为“笑的情感只是在见到穷人的弱点或自己过去的弱点时突然想起自己的优点所引起的‘突然荣耀感’”，觉得自己比别人强，现在比过去强。他强调“突然”，因为“可笑的东西必定是新奇的，不期然而然的”。

举例子 作者以“突然荣耀感”为例，以此说明笑并不代表恶，而是出于一种出其不意的效果。

此外关于笑与喜剧的学说还很多，在现代较著名的有法国哲学家伯格荪的《笑》(Le Rire)。他认为笑与喜剧都起于“生命的机械化”。世界在不停地变化，有生命的东西应经常保持紧张而有弹性，经常能随机应变。可笑的人物虽有生命而僵化和刻板公式化，“以不变应万变”，就难免要出洋相。伯格荪举了很多例子。例如一个人走路倦了，坐在地上休息，没有什么可笑，但是闭着眼睛往前冲，遇到障碍物不知回避，一碰上就跌倒在地上，这就不免可笑。有一个退伍的老兵改充堂馆，旁人戏向他喊：“立正！”他就慌忙垂下两手，把棒的杯盘全都落地打碎，这就引起旁人大笑。依伯格荪看，笑是一种惩罚，也是一种警告，使可笑的人觉到自己笨拙，加以改正。笑既有这样实用目的，所以它引起的美感不是纯粹的。“但笑也有几分美感，因为社会和个人在超脱生活急需时把自己当作艺术品看待，才有喜剧。”

举例子 作者以这个例子来说明可笑的人物具有僵化和死板的特征，而观众的笑声也正是来源于这种不变化，即“生命的机械化”。

现代值得注意的还有已提到的弗洛伊德的“巧智与隐意识”，不过不是三言两语可以介绍清楚的。他的英国门徒谷列格(Greig)在一九二三年编过一部笑与喜剧这个专题的书目就有三百几十种之多。诸位将来如果对这个专题想深入研究，可以参考。

我提出悲剧和喜剧这两个范畴作为最后一封信来谈，因为戏剧是文艺发展的高峰，是人民大众所喜闻乐见的综合性艺术。从电影剧、电视剧乃至一般曲艺的现状来看，可以预料到愈到工业化的高度发展的时代，戏剧就愈有广阔而光明的未来。社会主义时代是否还应该有悲剧和喜剧呢？在苏联，这个问题早已提出，可参看卢那察尔斯基的《论文学》(可参看蒋路的译文，人民文学出版社1978年版)。中“社会主义现实主义”章。近来我国文艺界也在热烈讨论这个问题。这是可喜的现象。我读过有关这些讨论的文章或报告，感到有时还有在概念上兜圈子的毛病，例如恩格斯在复拉萨尔的信里是否替悲剧下过定义，我们所需要的是否还是过去的那种悲剧和喜剧之类。有人还专从阶级斗争观点来考虑这类问题，有时也不免把问题弄得太简单化了。我们还应该多考虑一些具体的戏剧名著和戏剧在历史上的演变。

从西方戏剧发展史来看，我感到把悲剧和喜剧截然分开在今天已不妥当。希腊罗马时代固然把悲剧和喜剧的界限划得很严，其中原因之一确实是阶级的划分。上层领导人物才做悲剧主角，而中下层人物大半只能侧身于喜剧。到了文艺复兴时代资产阶级(所谓“中层阶级”)已日渐登上政治舞台，也就要求登上文艺舞台了，民众的力量日益增强了，于是悲剧和喜剧的严格划分就站不住了。英国的莎士比亚和意大利的瓜里尼(G.Guarini)不约而同地创造出悲喜混杂剧来。瓜里尼还写过一篇《悲喜混杂剧体诗的纲领》，把悲喜混杂剧比作“寡头政体和民主政体相结合的共和政体”。这就反映出当时意大利城邦一般人民要和封建贵族分享政权的要求。莎士比亚

阐释

朱光潜先生十分重视戏剧，尤其是古希腊悲剧。他把悲剧和喜剧专门作为一个大的问题来和青年人交流，足以可见他对悲剧和喜剧的重视与喜爱。

阐释

作者说“在概念上兜圈子”指的是当时文艺界对悲剧和喜剧的讨论存在一些方向性的问题，需要及时作出纠正。

阐释

从这里可以看出作者做学问的严谨态度，作者并没有肯定地说无法克服这个弱点，因而对此并没有得出一个绝对的结论。

举例子

莎士比亚的戏剧中某些人物的性格已经突破了单纯悲剧性格和单纯喜剧性格的单一性格范式，例如《威尼斯商人》中的犹太商人夏洛克就是这样的性格。

的悲喜混杂剧大半在主情节(main plot)之中穿插一个副情节(Sub－plot)，上层人物占主情节，中下层人物则侧居副情节。如果主角是君主，他身旁一般还有一两个喜剧性的小丑，正如塞万提斯的传奇中堂·吉诃德之旁还有个桑丘·潘沙。这部传奇最足以说明悲剧与喜剧不可分。堂·吉诃德本人既是一个喜剧人物，又是一个十分可悲的人物。到了启蒙运动时在狄德罗和莱辛的影响之下，市民剧起来了，从此就很少有人写古典型的悲剧了。狄德罗主张用"严肃剧"来代替悲剧，只要题材重要就行，常用的主角不是达官贵人而是一般市民，有时所谓重要题材也不过是家庭纠纷。愈到近代，科学和理智日渐占上风，戏剧已不再纠缠在人的命运或诗的正义这些方面的矛盾，而要解决现实世界所面临的一些问题，于是易卜生和萧伯纳式的"问题剧"就应运而起。近代文艺思想日益侧重现实主义，现实世界的矛盾本来很复杂，纵横交错，很难严格区分为悲喜两个类型。就主观方面来说，有人偏重情感，有人偏重理智，对戏剧的反应也有大差别。我想起法国人有一句名言："世界对爱动情感的人是个悲剧，对爱思考的人是个喜剧。"上文我已提到堂·吉诃德，可以被人看成喜剧的，也可以被人看作悲剧的。电影巨匠卓别林也许是另一个实例。他是世所公认的大喜剧家，他的影片却每每使我起悲剧感，他引起的笑是"带泪的笑"。看《城市之光》时，我暗中佩服他是现代一位最大的悲剧家。他的作品使我想起对丑恶事物的笑或许是一种本能性的安全瓣，我对丑恶事物的笑，说明我可以不被邪恶势力压倒，我比它更强有力，可以和它开玩笑。卓别林的笑仿佛有这么一点意味。

引用

作者援引这句话主要是为了阐明现实世界矛盾复杂，很难区分悲喜两个类型。对于偏重情感的人来说，反映现实世界的戏剧充满悲剧性；对于偏重理智的人来说，反映现实世界的戏剧则充满喜剧感。

因此，我觉得现在大可不必从概念上来计较悲剧的定义和区别。我们当然不可能"复兴"西方古典型的单纯的悲剧和喜剧。正在写这封信时，我看到最近上演的一部比较成功的话剧《未来在召唤》，在感到满意之余，我就自问：这部剧本究竟是悲剧还是喜剧？它的圆满结局不能使它列入悲剧范畴，它处理现实矛盾的严肃态度又不能使它列入喜剧。我从此想到狄德罗所说的“严肃剧”或许是我们的戏剧今后所走的道路。我也回顾了一下我们自己的戏剧发展史，凭非常浅薄的认识，我感到我们中国民族的喜剧感向来很强，而悲剧感却比较薄弱。其原因之一是我们的“诗的正义感”很强，爱好大团圆的结局，很怕看到亚里士多德所说的“像我们自己一样的好人因小过错而遭受大的灾祸”。不过这类不符合“诗的正义”（“善有善报，恶有恶报”）的遭遇在现实世界中却是经常发生的。“诗的正义感”本来是个善良的愿望，我们儒家的中庸之道和《太上感应篇》的影响也起了不小的作用。悲剧感薄弱毕竟是个弱点，看将来历史的演变能否克服这个弱点吧。

现在回到大家在热烈讨论的“社会主义时代还要不要悲剧和喜剧”这个问题，这只能有一个实际意义：社会主义社会里是否还有悲剧性和喜剧性的人和事。过去十几年林彪和“四人帮”的血腥的法西斯统治已对这个问题作出了明确的答复：当然还有！在理论上辩证唯物主义和历史唯物主义也早就对这个问题作了根本性的答复。历史是在矛盾对立斗争中发展的，只要世界还在前进，只要它还没有死，它就必然要动，动就有矛盾对立斗争的人和事，即有需要由戏剧来反映的现实材料和动作情节。这些动作情节还会是悲喜交错的，因为悲喜交错正是世界矛盾对立斗争在文艺领域的反映，不但在戏剧里是如此，在一切其他艺术里也是如此；不但在社会主义时代如此，在未来的共产主义时代也还是如此。祝这条历史长河永流不息！

阐释

作者在这里指出，我们的“诗的正义感”很强是造成我们民族“喜剧感向来很强，而悲剧感却比较薄弱”的重要原因之一。

阐释

从这里可以看出作者看重的并不是悲剧和喜剧这种文艺形式，他重视的是这两种文艺形式中所包含的精神和价值。

读书笔记

拓展阅读

名师点拨

悲剧与喜剧是两种不同的艺术体裁，具有两种不同的审美特性。悲剧与喜剧很难截然划分，从根本上说，是因为现实世界的矛盾本来就很复杂，纵横交错，很难分出悲喜，同时人们的审美情趣也多种多样，不同的人对同一个戏剧往往产生不同的感受。“世界对动情感的人是个悲剧，对思考的人是个喜剧。”我们中华民族的喜剧感向来很强，而悲剧感却比较薄弱。其原因之一是我们的“诗的正义感”很强，爱好大团圆的结局，很怕看到亚里士多德所说的“像我们自己一样的好人因小过错而遭受大的灾祸”。

回味思考

1.根据作者观点，我们民族“喜剧感向来很强，而悲剧感却比较薄弱”的原因有哪两点？

2.你如何理解选文中所提到的“世界对爱动情感的人是个悲剧，对爱思考的人是个喜剧”这句话。试结合具体文学作品简要分析。

好词收藏

范畴　鼓舞　用武之地　滥觞　随机应变　纵横交错

好句积累

◔ 我提出悲剧和喜剧这两个范畴作为最后一封信来谈，因为戏剧是文艺发展的高峰，是人民大众所喜闻乐见的综合性艺术。

◔ “诗的正义感”本来是个善良的愿望，我们儒家的中庸之道和《太上感应篇》的影响也起了不小的作用。

十三、结束语："还须弦外有余音"

名师伴你读

这是朱光潜先生写给青年的十三封信中的最后一封，我们看看这位长者对青年还有什么要说的呢？

朋友们：

限于篇幅、时间和个人的精力，这些谈美的信只得暂告结束了。回顾写过的十二封信，感到有些欠缺应向读者道歉。

首先，有些看过信稿的朋友告诉我，"看过你在解放前写的那部《谈美》，拿这部新作和它比起来，我们感觉到你现在缺乏过去的那种亲切感和深入浅出的文笔了；偶尔不免有'高头讲章'的气味，不大好懂，有时甚至老气横秋，发点脾气"。我承认确实有这些毛病，并且要向肯向我说直话的朋友们表示感激。既然在和诸位谈心，我也不妨直说一下我的苦衷。旧的《谈美》是在半个世纪以前我自己还是一个青年的大学生时代写的。那时我和青年们接触较多，是他们的知心人，我自己的思想情感也比现在活跃些，而现在我已是一个进入八十三岁的昏愦老翁了，这几十年来一直在任教和写"高头讲章"，脑筋惯在抽象理论上兜圈子，我对"四人帮"的迫害倒不是"心有余悸"而是"心有余恨"，对文风的丑恶现象经常发点脾气，这确实是缺乏涵养。我不能以一个龙钟老汉冒充青年人来说话，

引用

对于读者指出的缺点和不足，作者毫不避讳，同时欣然接受批评，展现了作者广阔的胸襟和虚心接受批评的优良品德。

读书笔记

阐释

从这里可以感受到朱光潜先生对青年人还有美好的前程的羡慕。

把话说得痛快淋漓，我只好认输，对青年人还有一大段光明前程只有深为羡慕而已。

“高头讲章”的气味我也不太欣赏，所以动笔行文时也力求避免写成教科书。写出来的也决够不上教科书的水平。好在《美学概论》和《文学概论》之类著作现在也日渐多起来了，我何必去滥竽充数呢？我之终于答应写《谈美书简》，一则是要报答来信来访和来约者的盛意，二则是从解放以来我一直在抓紧时间学习马列主义经典著作，对过去自己的言论中错误和不妥处也日渐有所认识，理应趁这段行将就木的余年向读者作个检查或“交代”。

阐释

“知之为知之，不知为不知，是知也。”朱光潜先生就是这样的智者，他对自己所不了解的知识绝不猜测和妄谈，是青年人学习的榜样。

其次，朋友们来信经常问到学美学应该读些什么书。他们深以得不到想读的书为苦，往往要求我替他们买书和供给资料。他们不知道我自己在六十年代以后也一直在闭关自守，坐井观天，对国际学术动态完全脱节，所以对这类来信往往不敢答复。老一点的资料我在《西方美学史》下卷附录里已开过一个“简要书目”，其中大多数在国内还是不易找到的。好在现在书禁已开，新出版的书刊已日渐多起来了，真正想读书的当不再愁没有书读了。人愈老愈感到时间可贵，所以对问到学外语和美学的朋友们，我经常只讲这样几句简短的忠告：不要再打游击战，像猴子掰苞谷，随掰随丢，要集中精力打歼灭战，要敢于攻坚。不过歼灭战或攻坚战还是要一仗接着一仗打，不要囫囵吞枣。学美学的人入手要做的第一件大事还是学好马列主义。不要贪多，先把《马克思恩格斯选集》通读一遍，尽量把它懂透，真正懂透是终生的事，但是先要养成要求懂透的习惯。第二，如果还没有掌握一种外语到能自由阅读的程度，就要抓紧补课，因为在今天学任何科学都要先掌握国际最新资料，闭关自守决没有出路。第三，要随时注意国内文

比喻

作者把读书比作打歼灭战，意在说明读书虽然苦，但是要硬着头皮读下去，做到善始善终，这样才能有所收获。

艺动态，拿出自己的看法；如果有余力，最好学习一门性之所近的艺术：文学、绘画或音乐，避免将来当空头美学家或不懂文艺的文艺理论家。

最后，我写这十几封信只是以谈心的方式来谈常盘踞在我心里的一些问题，不是写美学课本，所以一般美学课本里必谈的还有很多问题我都没有详谈，例如内容和形式，创作、欣赏与批评，批判和继承，民族性和人民性，艺术家的修养之类问题。对这类问题我没有什么值得说的新见解，我就不必说了。不过我心里也还有几个大家不常说或则认为不必说而我却认为还值得说的问题，因为还没有考虑成熟，也不能在此多谈。

阐释

作者对于一个没有新见解的问题就闭口不谈，可以看出作者做学问的求实态度以及对自己的严格要求，绝不重复别人的观点。

一个问题是我在《西方美学史》上卷"序论"里所提的意识形态属于上层建筑而不等于上层建筑的问题。我认为上层建筑中主要因素是政权机构，其次才是意识形态。这两项不能等同起来，因为政权机构是社会存在，而意识形态只是反映社会存在的社会意识。二者之间不能画等号，有马克思主义创始人的许多话可以为证。我当时提出这个问题，还有一个要把政治和学术区别开来的动机。我把这个动机点明，大家就会认识到这个问题的重要性。这是值得进一步讨论的，而且不是某个人或某部分人所能解决的，还须根据双百方针以民主方式进行深入讨论才行。现在这项讨论已开始展开了。我现在还须倾听较多的意见，到适当的时机再作一次总的答复，并参照提出的意见，进行一次自我检查。如果发现自己错了，我就坚决地改正，如果没有被说服，我就仍然坚持下去，不过这是后话了。

阐释

孔子告诉我们"吾日三省吾身"，从作者的陈述中可以看出他确实做到了自省，这种研究态度对一个研究者来说是十分可贵的。

另一个大家不常谈而我认为还必须认真详谈的就是必然和偶然在文学中辩证统一的问题。我是怎样想起这个问题的

引用

作者援引巴尔扎克的话意在说明偶然机缘对文学创作的重要性，在作者看来，没有偶然机缘的撮合，不会产生“神来之笔”，作品也不会精彩。

呢？巴尔扎克在《人间喜剧》的“序言”里说过：“机缘是世界上最伟大的小说家；要想达到丰富，只消去研究机缘。”“机缘”是我用来试译原文Hasard一个词，它本有“偶然碰巧”的意思，读到这句话时，我觉得很有意思，但其中的道理我当时并没有懂透。后来我读到恩格斯在一八九〇年九月初给约·布洛赫的信中有这样一段话：

> ……这里表现出这一切因素的交互作用，而在这种交互作用中归根到底是经济运动作为必然因素，通过无穷无尽的偶然事件（这样一些事物，其中内部联系很疏远或很难确定，使我们把它们忽略掉甚至认为它们并不存在）而向前发展……（《马克思恩格斯选集》第4卷，第477页。译文略有改动）。

举例子

作者援引名言意在说明偶然机缘的重要性，同时也表明文艺中的“必然”要通过“偶然”起作用。

这就是说，必然要通过偶然而起作用。我就把这种偶然事件和巴尔扎克的“机缘”联系起来。我又联想到马克思关于拿破仑说过类似的话，以及普列汉诺夫在谈个人在历史中的作用时引用过法国巴斯卡尔的一句俏皮话：“如果埃及皇后克莉奥佩特拉（Cleopatra）的鼻子生得低一点，世界史也许会改观。”这些关于“偶然”的名言在我脑里就偶然成了一个火种在开始燃烧。等到今夏我看日本影片《生死恋》时，看到女主角夏子因试验爆炸失火而焚身，就把一部本来也许可写成喜剧的戏变成一部令人痛心的悲剧，我脑子里那点火种便迸发成四面飞溅的火花。我联想到美学上许多问题，联想到许多文艺杰作特别是戏剧杰作里都有些“偶然”或“机缘”在起作用，突出的例子在希腊有俄狄浦斯弑父娶母的三部曲，在英国有莎士比亚的《罗米欧与朱丽叶》，在德国有席勒的《威廉·退尔》，在中国有《西厢记》和《牡丹亭》。中国小说向来叫作"志怪"或"传奇"，奇怪也者，偶然机缘也，不期然而然也。试想一想中国过去许多神怪故事，从《封神榜》《西游记》《聊斋》《今古奇观》到近来的复映影片《大闹天宫》，如果没有那么多的偶然机缘，决不会那么引人入胜。它们之所以能引人入胜，就因为能引起惊奇感，而惊奇感正是美感中的一个重要因素。我因此想到正是偶然机缘创造出各民族的原始神话，而神话正是文艺的土壤。恩格斯解释"偶然事件"时说它们有"内部联系"不过人对这种联系还没有认识清楚，也就是说还处于无知状态。人不能安于无知，于是幻想出这种偶然事件的创造者都是神。古希腊人认为决定悲剧结局的是"命运"，而命运又有"盲目的必然"的称号，意思也就是"未知的必然"。中国也有一句老话："城隍庙里的算盘——不由人算"，这也是把未知的必然（偶然）归之于天或神。这一方面暴露人的弱点，另一方面也显出人凭幻想去战胜自然的强大生命力。现实和文艺都不是一潭死水，闻风不动，一个必然扣着另一个必然，形成铁板一块，死气沉沉的。古人形容好的文艺作品时经常说"波澜壮阔"或则说"风行水上，自然成纹"，因此就表现出充沛的生命力和高度的自由，表现出巧妙。"巧"也就是偶然机缘，中国还有一句老话："无巧不成书"，也就是说，没有偶然机缘就创造不出好作品。好作品之中常有所谓"神来之笔"。过去人们迷信"灵感"，以为好作品都要凭神力，其实近代心理学已告诉我们，所谓"灵感"不过是作者在下意识中长久酝酿而突然爆发到意识里，这种突然爆发却有赖于事出有因而人尚不知其因的偶然机缘。法国大音乐家伯聊兹曾替一首诗作乐谱，全诗都谱成了，只剩收尾"可怜的兵士，我终于要再见法兰西"一句，就找不到适合的乐调。搁下两年之后，他在罗马失足落

阐释

作者认为作品吸引人是因为偶然机缘引起的惊奇感，在作者看来文艺中的"必然"要通过"偶然"起作用。

比喻

作者把现实和文艺比作一潭死水，旨在说明好的文艺作品需要偶然机缘，这样才能凸显出作品的生命力。

读书笔记

水，爬起来时口里所唱的乐调正是两年前苦心搜寻而没有获得的。他的落水便是一种偶然机缘。杜甫有两句诗总结了他自己的创作经验："读书破万卷，下笔如有神。""神"就是所谓"灵感"，像是"偶然"，其实来自"读书破万卷"的辛勤劳动。这就破除了对灵感的迷信。我国还有一句老话："熟中生巧"，灵感也不过是熟中生巧，还是长期锻炼的结果。"能令百炼钢，化为绕指柔"，力使人感到巧，力产生美感。这种美感从跳水、双杠表演、拳术、自由体操的"绝技"和"花招"中最容易见出。京剧"三岔口"之所以受到欢迎，也在许多应付偶然的花招所引起的惊奇感。

引用

在作者看来，想要有"灵感"就需要长期练习，凭空出现的"灵感"是不存在的。

我抱着"偶然机缘"这个问题左思右想，愈想下去就愈觉得它所涉及的范围甚广。前信所谈到的喜剧中"乖讹"便涉及"偶然机缘"，我国最有科学条理的文论家刘勰在《文心雕龙》里特辟"谐隐"一章来讨论说笑话和猜谜语，也足见他重视一般人所鄙视的文字游戏。文字游戏不应鄙视，因为它受到广大人民的热烈欢迎，它是一般民歌的基本要素，也是文人诗词的一个重要组成部分。民歌最富于"谐趣"（就是所谓"幽默感"）。真正的"谐"大半是"不虐之谑"，谐的对象总有某种令人鄙视而不致遭人痛恨的丑陋和乖讹。例如一首流行的民歌：

阐释

作者在此突出强调了文艺的消遣、娱乐功能。

> 一个和尚挑水喝，两个和尚抬水喝，三个和尚没水喝。

出乎情理之常的是"三个和尚没水喝"，非必然而竟然，所以成为笑柄，也多少是一个警告。"隐"就是"谜"，往往和"谐"联系在一起，例如四川人嘲笑麻子：

啥?豆巴,满面花,雨打浮沙,蜜蜂错认家,荔枝核桃苦瓜,满天星斗打落花。

这就是谐、隐和文字游戏的结合。讥刺容貌丑陋为谐,以谜语出之为隐,取七层宝塔的形式,一层高一层,见出巧妙的配搭为文字游戏。谐最忌直率,直率不但失去谐趣,而且容易触讳招尤,所以出之以"隐",饰之以文字游戏。就可以冲淡讥刺的一点恶意,而且嵌合巧妙,令人惊喜,产生谐所特有的一种快感。这种快感就是美感。可笑的事物好比现实世界的一池死水偶然皱起微波,打破了沉闷;但它毕竟有些丑陋乖讹,也不免引起轻微的惋惜的不快感,从此也可见美感的复杂性,不易纳到一个公式概念里去。

谐是雅俗共赏的,所以它最富于社会性,托尔斯泰在《艺术论》里特别强调文艺的传染情感的功用,而所传染的情感之中他也指出笑谑,认为它也能密切人与人的关系。刘勰解释谐时说:"谐之为言皆也,词浅会俗,皆悦笑也",这也足说明谐的社会功用。要印证这个道理,最好多听相声。相声是谐的典型,也是雅俗共赏的一种曲艺。因此,在粉碎"四人帮"之后我国文艺重新繁荣的景象首先见之于相声,继侯宝林和郭全宝之后出现了一大批卓越的相声演员。连像我这个专搞理论、一本正经的老学究对一般带理论气味的一本正经的话剧和电影剧并不太爱看,但每遇到相声专场,我只要抽出闲空就必看,看了总感到精神上舒畅了一下,思想也多少得到了解放,也就是说,从一些偶然机缘中认识到一些人情世态乃至一些关于美和美感的道理。

我从这种文字游戏想到文艺与游戏的关系。过去我是席勒、斯宾塞和格罗斯的信徒,认为文艺起源于游戏说是天经地

阐释

以巧妙的文字搭配与谜语形式讥刺容貌丑陋,是典型的谐、隐和文字游戏的组合,读后会产生特有的快感,即美感,感到精神舒畅,在消遣中得到乐趣。朱先生在此肯定游戏在美感产生中的作用。

引用

作者引用刘勰的解释意在说明文艺的娱乐功用,以及谐在其中的重要意义。

举例子

作者以自己看相声的亲身经历为例,以此说明谐对人的精神具有娱乐作用,也突出作者对文艺娱乐功能的强调。

阐释

在这里可以看出作者思想的变化和发展,以及作者在接受马克思主义理论后思想的变化。

读书笔记

引用

从中可见朱先生对青年人的美好祝愿,以及殷殷关爱,拳拳厚意。

义。从解放后学习马克思主义以来,我就深信文艺起源于劳动,放弃了文艺起源于游戏的说法。近来我重新研究谐隐与文字游戏,旧思想又有些“回潮”,觉得游戏说还不可一笔抹杀。想来想去,我认为把文艺看作一种生产劳动是马克思主义者所必坚持的不可逆转的定论,但在文艺这种生产劳动中游戏也确实是一个极其重要的因素。理由之一就是,马克思和恩格斯都指出的必然要透过偶然而起作用,而偶然机缘在文艺中突出地表现于游戏,特别是在于所谓“戏剧性的暗讽”。理由之二是劳动与游戏的对立是资本主义社会中劳动异化的结果,到了消除了劳动异化,进入了共产主义时代,一切人的本质活动都会变成自由的、无拘无碍的,劳动与游戏的对立就不复存在。

我对这个问题还没有考虑成熟,不过我感觉到与游戏密切相关的偶然机缘在文艺中的作用这个问题还大有文章可做,而且也很有现实意义。我准备继续研究下去,并且希望爱好文艺和美学的朋友们都来研究一下这个问题,各抒己见,引起讨论,或可以解放一下思想。

我很喜爱漫画师丰子恺老友的两句诗:“尝喜小中能见大,还须弦外有余音。”现在就留下偶然机缘这个问题请诸位研究,就算是我的弦外余音,留有余不尽之意吧。再见,祝诸位奋勇前进!

拓展阅读

名师点拨

朱光潜先生对来信问到关于学外语和美学问题,朋友们提出忠告："学美学的人入手要做的第一件大事还是学好马列主义"；第二，"掌握一种外语到能自由阅读的程度"，"掌握国际最新资料"；第三，"要随时注意国内文艺动态"，"最好学习一门性之所近的艺术：文学、绘画或音乐，避免将来当空头美学家或不懂文艺的文艺理论家"。写毕十二封信后，朱先生引用好友丰子恺的诗与大家深情作别："'尝喜小中能见大，还须弦外有余音'，现在就留下偶然机缘这个问题请诸位研究，就算是我的弦外余音，留有余不尽之意吧。"殷殷关爱，拳拳厚意，尽在老人的祝愿里。

回味思考

1.朱先生是如何看待文艺与游戏的态度的？结合文本，谈谈你的理解。

2. 朱先生为什么重视偶然机缘？请结合具体作品谈谈你的认识。

3.朱先生所说的"弦外余音"指的是什么？

好词收藏

心有余悸　滥竽充数　囫囵吞枣　神来之笔　弦外余音

好句积累

◔现实和文艺都不是一潭死水，闻风不动，一个必然扣着另一个必然，形成铁板一块，死气沉沉的。

◔我国还有一句老话："熟中生巧"，灵感也不过是熟中生巧，还是长期锻炼的结果。"能令百炼钢，化为绕指柔"，力使人感到巧，力产生美感。

谈谦虚

名师伴你读

毛泽东说："谦虚使人进步，骄傲使人落后。"那到底怎样才能做到谦虚呢？

说来说去，做人只有两桩难事，一是如何对付他人，二是如何对付自己。这归根还只是一件事，最难的事还是对付自己，因为知道如何对付自己，也就知道如何对付他人，处世还是立身的一端。

总结 作者在这里指出自己难对付的其中一个原因就在于不能正确摆正自己的位置。

自己不易对付，因为对付自己的道理有一个模棱性，从一方面看，一个人不可无自尊心，不可无我，不可无人格。从另一方面看，他不可有妄自尊大心，不可执我，不可任私心成见支配。总之，他自视不宜太小，却又不宜太大，难处就在调剂安排，恰到好处。

比喻 作者在这里把我们自己比作蚕，把包裹在蚕身上的茧比作自己错误的幻想，用以说明我们自己不易对付的原因就是当局者迷。

自己不易对付，因为不容易认识，正如有力不能自举，有目不能自视。当局者迷，旁观者清。我们对于自己是天生成的当局者而不是旁观者，我们自囿于"我"的小圈子，不能跳开"我"来看世界，来看"我"，没有透视所必需的距离，不能取正确观照所必需的冷静的客观态度，也就生成地要执迷，认不清自己，只任私心、成见、虚荣、幻觉种种势力支配，把自己的真实面目弄得完全颠倒错乱。我们像蚕一样，作茧自缚，而这茧就是自己对于自己所错认出来的幻象。真正有自知之明的人实在不多见。“知人则哲”，自知或许是哲以上的事。“知道你自己”这句古训所以被称为希腊人最高智慧的结晶。

“知道你自己”，谈何容易！在日常自我估计中，道理总是自己的对，文章总是自己的好，品格也总是自己的高，小的优点放得特别大，大的弱点缩得特别小。人常“阿其所好”，而所好者就莫过于自己。自视高，旁人如果看得没有那么高，我们的自尊心就遭受了大打击，心中就结下深仇大恨。这种毛病在旁人，我们就马上看出；在自己，我们就熟视无睹。

希腊神话中有一个故事。一位美少年拉西司(Narcissus)自己羡慕自己的美，常伏在井栏上俯看水里自己的影子，愈看愈爱，就跳下去拥抱那影子，因此就落到井里淹死了。这寓言的意义很深永。我们都有几分“拉西司病”，常因爱看自己的影子堕入深井而不自知。照镜子本来是好事，我们对于不自知的人常加劝告：“你去照照镜子看！”可是这种忠告是不聪明的，他看来看去，还是他自己的影子，像拉西司一样，他愈看愈自鸣得意，他的真正面目对于他自己也就愈模糊，他的最好的镜子是世界，是和他同类的人。他认清了世界，认清了人性，自然也就会认清自己，自知之明需要很深厚的学识经验。

德尔斐神谕宣示希腊说：苏格拉底是他们中间最大的哲人，而苏格拉底自己的解释是：他本来和旁人一样无知，旁人强不知以为知，他却明白自己的确无知，他比旁人高一着，就全在这一点。苏格拉底的话老是这样浅近而深刻，诙谐而严肃。他并非说客套的谦虚话，他真正了解人类知识的限度。“明白自己无知”是比得上苏格拉底的那样哲人才能达到的成就。有了这个认识，他不但认清了自己，多少也认清了宇宙。孔子也仿佛有这种认识。他说：“吾有知乎哉，无知也。”他告

叙述

作者主要想说明的是一个人所好者莫过于自己。

举例子

通过举拉西司的例子，作者告诫我们对待自己要有自知之明，因为人都会陷入自恋的困境，但要把世界和同类作镜子才能认清自己。

引用

在作者看来苏格拉底这并非是自谦，而是正确地认识了自己，苏格拉底知道人类知识是有限的，也意识到自我是渺小的。

诉门人："知之为知之，不知为不知，是知也。"所谓"不知之知"正是认识自己所看到的小天地之外还有无边世界。

阐释

作者在这里对"真正的谦虚"作了阐释，表明谦虚所代表的真正意义，谦虚不是自贬身价，而是起于自知之明。

这种认识就是真正的谦虚。谦虚并非故意自贬身价，作客套应酬，像虚伪者所常表现的假面孔；它是起于自知之明，知道自己所已知的比起世间所可知的非常渺小，未知世界随着已知世界扩大，愈前走发现天边愈远。他发现宇宙的无边无底，对之不能不起崇高雄伟之感，反观自己渺小，就不能不起谦虚之感。谦虚必起于自我渺小的意识，谦虚者的心目中必有一种为自己所不知不能的高不可攀的东西，老是要抬着头去望它。这东西可以是全体宇宙，可以是圣贤豪杰，也可以

是一个崇高的理想。一个人必须见地高远，“知道天高地厚”才能真正地谦虚；不知道天高地厚的人就老是觉得自己伟大，海若未曾望洋，就以为“天下之美尽在己”。谦虚有它消极方面，就是自我渺小的意识；也有它积极方面，就是高远的瞻瞩与恢阔的胸襟。

看浅一点，谦虚是一种处世哲学。“人道恶盈而喜谦”，人本来没有可盈的时候，自以为盈，就无法再有所容纳，有所进益。谦虚是知不足，“知不足然后能自强。一切自然节奏都是一起一伏。引弓欲张先弛，升高欲跳先蹲，谦虚是进取向上的准备。老子譬道，常用谷和水。“谷神不死”“旷兮其若谷”“上善若水”“天下莫柔弱于水而攻坚强者莫之能胜”。谷虚所以有容，水柔所以不毁。人的谦虚可以说是取法于谷和水，它的外表虽是空旷柔弱，而它的内在的力量却极刚健。大易的谦卦六爻皆吉。作易的人最深知谦的力量，所以说，“谦尊而光，卑而不可逾”。道家与儒家在这一点认识上是完全相同的。这道理好比打太极拳，极力求绵软柔缓，可是“四两拨千斤”，极强悍的力士在这轻推慢挽之前可以望风披靡。古希腊的悲剧作者大半是了解这个道理的，悲剧中的主角往往以极端的倔强态度和不可以倔强胜的自然力量（希腊人所谓神的力量）搏斗，到收场时一律被摧毁，悲剧的作者拿这些教训在观众心中引起所谓“退让”(res-ignation)情绪，使人恍然大悟在自然大力之前，人是非常渺小的，人应该降下他的骄傲心，顺从或接收不可抵制的自然安排。这思想在后来耶稣教中也很占势力。近代科学主张“以顺从自然去征服自然”，道理也是如此。

看深一点，谦虚是一种宗教情绪。这道理在上文所说的希腊悲剧中已约略可见。宗教都有一个被崇拜的崇高的对象，我们向外所呈献给被崇拜的对象是虔敬，向内所对待自己的

引用

“知道天高地厚”才能真正地谦虚，是因为他们懂得敬仰自己不知不能的事物。

引用

“谦尊而光，卑而不可逾”这句话出自《周易》，意思是说谦虚的人居于尊位时，其道德更加广大；处于卑位时，其品行也不可逾越。

举例子

作者举古希腊悲剧的例子，是从反面来论证“谦虚是知不足”的道理，从不知谦虚的危害性来说明自己的观点，论证更加全面，有说服力。

是谦虚。虔敬和谦虚是宗教情绪的两方面，内外相应相成。这种情绪和美感经验中的“崇高意识”(sense of the sublime)以及一般人的英雄崇拜心理是相同的。我们突然间发现对象无限伟大，无形中自觉此身渺小，于是肃然生畏，肃然起敬；但是惊心动魄之余，就继以心领神会，物我交融，不知不觉中把自己也提升到那同样伟大的境界。对自然界的壮观如此，对伟大的英雄如此，对理想中所悬的全知全能的神或尽善尽美的境界也是如此。在这种心境中，我们同时感到自我的渺小和人性的尊严，自卑和自尊打成一片。

阐释 作者在这里详细描写了一般人对希腊悲剧中的英雄产生崇拜心理的过程，意在说明当我们对英雄产生崇拜的心理时，会表现为虔敬和谦虚两种情绪。

我们姑拿两首人人皆知的诗来说明这个道理。一是陈子昂的“前不见古人，后不见来者，念天地之悠悠，独怆然而涕下！”二是杜甫的“侧身天地常怀古，独立苍茫自咏诗”。我们试玩味两诗所表现的心境。在这种际会，作者还是觉得上天下地，唯我独尊，因而踌躇满意呢？还是四顾茫茫，发现此身渺小而恍然若有所失呢！这两种心境在表面上是相反的，而在实际上却并行不悖，形成哲学家们所说的“相反者之同一”。在这种际会，骄傲和谦虚都失去了它们的寻常意义，我们骄傲到超出骄傲，谦虚到泯没谦虚。我们对庄严的世相呈献虔敬，对蕴藏人性的“我”也呈献虔敬。

举例子 作者以杜甫和陈子昂这两首诗为例，意在说明当我们面对崇高的事物时，虔敬和谦虚两种情绪会相互交织。

有这种情绪的人才能了解宗教，释迦和耶稣都富于这种情绪，他们极端自尊也极端谦虚。他们知道自尊必从谦虚做起，所以立教特重谦虚。佛家的大戒是“我执”“我谩”。佛家的哲学精义在“破我执”。佛徒在最初时期都须以行乞维持生活，所以叫作“比丘”。行乞是最好的谦虚训练。耶稣常溷身下层阶级，一再告诫门徒说：“凡自己谦卑像这小孩的，他在天国里就是最大的”，“你们中间谁为大，谁就要做你们的用人，自高的必降为卑，自卑的必升为高”。这教训在中世纪的影响

举例子 作者以耶稣对其门徒的教导为例，意在说明要做到谦虚就要把自己放在社会上最低的位置。

极大，许多僧侣都操贱役，过极刻苦的生活，去实现谦卑(humiliation)的理想，圣佛兰西斯是一个很美的例证。

耶佛和其他宗教都有膜拜的典礼，它的意义深可玩味。在只是虚文时，它似很可鄙笑；在出于至诚时，它却是虔敬和谦虚的表现，人类可敬的动作就莫过于此。人难得弯下这个腰杆，屈下这双膝盖，低下这颗骄傲的心，在真正可尊敬者的面前"五体投地"。有一次我去一个法会听经，看见皈依的信士们进来时恭恭敬敬地磕一个头，出去时又恭恭敬敬地磕一个头。我很受感动，也觉得有些尴尬。我所深感惭愧的倒不是人家都磕头而我不磕头，而是我的衷心从来没有感觉到有磕头的需要。我虽是愚昧，却明白这足见性分的浅薄。我或是没有脱离"无明"，没有发现一种东西叫我敬仰到须向它膜拜的程度；或是没有脱离"我谩"，虽然发现了可膜拜者而仍以膜拜为耻辱。

"我谩"就是骄傲，骄傲是自尊情操的误用。人不可没有自尊情操，有自尊情操才能知耻，才能有所谓荣誉意识(sense of honour)，才能有所为有所不为，也才能发奋向上。孔子说："知耻近乎勇"，和《学记》的"知不足然后能自强"，《易经》的"谦尊而光，卑而不可逾"两句名言意义骨子里相同。近代心理学家阿德勒(Adler)把这个道理发挥得最透辟。依他看，我们有自尊心，不甘居下流，所以发现了自己的缺陷，就引以为耻，在心理形成所谓"卑劣结"(inferiority complex)，同时激起所谓"男性的抗议"(masculine protest)，要努力弥补缺陷，消除卑劣，来显出自己的尊严。努力的结果往往不但弥补缺陷，而且所达到的成就反比本来没有缺陷的更优越。希腊的德摩斯梯尼斯本来口吃，不甘心受这缺陷的限制，发愤练习演说，于是成为最大的演说家，中国孙子因膑足而成兵法，左丘明因失明

阐释

口头上说说谁都会，但真正能做到的就很难了，作者以自己的亲身经历现身说法，告诉我们要真正做到谦虚，并且意识到自己的渺小。

举例子

作者列举中外多个名人的例子，意在说明很多名人之所以能成为大家，就是因为他们能够知道自己的不足，而后产生积极的上进思想，从而奋勇追赶。

而成《国语》，司马迁因受宫刑而作《史记》，道理也是如此。阿德勒所谓“卑劣结”其实就是谦虚，“知耻”，或“知不足”；他的“男性抗议”就是“自强”，“近乎勇”或“卑而不可逾”。从这个解释，我们也可以看出谦虚与自尊心不但并不相反，而且是息息相通。真正有自尊心者才能谦虚，也才能发奋为雄。“尧，人也，舜，人也，有为者亦若是”，在做这种打算时，我们一方面自觉不如尧舜，那就是谦虚，另一方面自觉应该如尧舜，那就是自尊。

阐释

俗话说：“男子汉大丈夫，能屈能伸。”真正的谦虚与保持自尊是不相冲突的，只有内心谦虚，认识到自己的不足，才能发奋为雄。

骄傲是自尊情操的误用，是虚荣心得到廉价的满足。虚荣心和幻觉相连，有自尊而无自知。它本来起于社会本能——要见好于人；同时也带有反社会的倾向，要把人压倒，它的动机在好胜而不在向上，在显出自己的荣耀而不在理想的追寻。虚荣加上幻觉，于是在人我比较中，我们比得胜固然自骄其胜，比不胜也仿佛自以为胜，或是丢开定下来的标准，另寻自己的胜处。我们常暗地盘算：你比我能干，可是我比你有学问；你干的那一行容易，地位低，不重要，我干的才是真正了不起的事业；你的成就固然不差，可是如果我有你的地位和机会，我的成就一定比你更好。总之，我们常把眼睛瞟着四周的人，心里做一个结论：“我比你强一点！”于是伸起大拇指，扬扬自得，并且期望旁人都甘拜下风，这就是骄傲。人之骄傲，谁不如我？我以压倒你为快，你也以压倒我为快。无论谁压倒谁，妒忌、愤恨、争斗以及它们所附带的损害和苦恼都在所不免。人与人，集团与集团，国家与国家，中间许多灾祸都是这样酿成的。“礼至而民不争”，礼之端就是辞让，也就是谦虚。

阐释

表面上的骄傲，即不能真正认识到自己的不足，也就不能做真正的发奋而雄者，最后只会自食其果。

欢喜比照人已而求己比人强的人大半心地狭窄，谩世傲物的人要归到这一类。他们昂头俯视一切，视一切为“卑卑不足道”“望望然去之”。阮籍能为青白眼，古今传为美谈。这种

举例子

《晋书·阮籍传》中是这样说的，“籍又能为青白眼，见礼俗之士，以白眼对之”。作者援引此例意在说明恃才傲物的态度在中国向来受人重视。

谩世傲物的态度在中国向来颇受人重视。从庄子的“让王”类寓言起，经过魏晋清谈，以致后世对于狂士和隐士的崇拜，都可以表现这种态度的普遍。这仍是骄傲在作祟。在清高的烟幕之下藏着一种颇不光明的动机。“人都龌龊，只有我干净”(所谓“世人皆浊我独清”)，他们在这种自信或幻觉中耽醉而陶然自乐。熟看《世说新语》，我始而羡慕魏晋人的高标逸致，继而起一种强烈的反感，觉得那一批人毕竟未闻大道，整天在臧否人物，自鸣得意，心地毕竟局促。他们忘物而未能忘我，正因其未忘我而终亦未能忘物，态度毕竟是矛盾。魏晋人自有他们的苦闷，原因也就在此。“人都龌龊，只有我干净。”这看法或许是幻觉，或许是真理。如果它是幻觉，那是妄自尊大；如果它是真理，就引以为豪，也毕竟是小气。孔子、释迦、耶稣诸人未尝没有这种看法，可是他们的心理反应不是骄傲而是怜悯，不是遗弃而是援救。长诅、桀溺说：“滔滔者天下皆是，而谁以易之。”孔子说：“鸟兽不可与同群，吾非斯人之徒之与而谁与？”这是谩世傲物者与悲天悯人者在对人对己的态度上的基本分别。

人生本来有许多矛盾的现象，自视愈大者胸襟愈小，自视愈小者胸襟愈大。这种矛盾起于对于人生理想所悬的标准高低。标准悬得愈低，愈易自满，标准悬得愈高，愈自觉不足。虚荣者只求胜过人，并不管所拿来和自己比较的人是否值得做比较的标准。只要自己显得是长子，就在矮人国中也无妨。孟子谈交友的对象，分出“一乡之善士”“一国之善士”“天下之善士”“古之人”四个层次。我们衡量人我也要由“一乡之善士”扩充到“古之人”。大概性格愈高贵，胸襟愈恢阔，用来衡量人我的尺度也就愈大，而自己也就显得愈渺小。一个人应该有自己渺小的意识，不仅是当着古往今来的圣贤豪杰的面

读书笔记

引用

作者引用长诅和孔子的话，意在说明不同的人对人对己的态度有十分明显的差别。

引用

作者以孟子对交友的看法为例，旨在说明人的性格和胸襟对交友的重要性。

前，尤其是当着自然的伟大，人性的尊严和时空的无限。你要拿人比自己，且抛开张三李四，比一比孔子、释迦、耶稣、屈原、杜甫、米开朗琪罗、贝多芬，或是爱迪生！且抛开你的同类，比一比太平洋、大雪山、诸行星的演变和运行，或是人类知识以外的那一个茫茫宇宙！在这种比较之后，你如果不为伟大崇高之感所撼动而俯首下心，肃然起敬，你就没有人性中最高贵的成分。你如果不盲目，看得见世界的博大，也看得见世界的精微，你想一想，世间哪里有临到你可凭以骄傲的？

在见道者的高瞻远瞩中，“我”可以缩到无限小，也可以放到无限大。在把“我”放到无限大时，他们见出人性的尊严；在把“我”缩到无限小时，他们见出人性在自己小我身上所实现的非常渺小。这两种认识合起来才形成真正的谦虚。佛家法相一宗把叫作“我”的肉体分析为“扶根尘”，和龟毛兔角同为虚幻，把“我”的通常知见都看成幻觉，和镜花水月同无实在性。这可算把自我看成极渺小。可是他们同时也把宇宙一切，自大地山河以至玄理妙义，都统摄于圆湛不生灭妙明真心，万法唯心所造，而此心却为我所固有，所以“明心见性”“即心即佛”。这就无异于说，真正可以叫作“我”的那种“真如自性”还是在我，宇宙一切都由它生发出来，“我”就无异于创世主。这对于人性却又看得何等尊严！不但宗教家，哲学家像柏拉图、康德诸人大抵也还是如此看法。我们先秦儒家的看法也不谋而合。儒本有“柔懦”的意义，儒家一方面继承“一命而偻，再命而伛，三命而俯，循墙而走”那种传统的谦虚恭谨，一方面也把“我”看成“与天地合德”。他们说：“返身而诚，万物皆备于我矣”“能尽人之性，则能尽物之性；能尽物之性，则可以赞天地之化育，与天地参矣”。他们拿来放在自己肩膀上的责任是“为天地立心，为生民立命，为往圣继绝学，为万世开太平”。

读书笔记

引用

佛家中对“我”的态度，从反面说明了要形成真正的谦虚就要把自己摆在恰当的位置，既要自谦也要自信。

举例子

作者列举儒家的例子，从正面论证真正的谦虚的价值。

这种“顶天立地，继往开来”的自觉是何等尊严！

意识到人性的尊严而自尊，意识到自我的渺小而自谦，自尊与自谦合一，于是法天行健，自强不息，这就是《易经》所说的“谦尊而光，卑而不可逾”。

读书笔记

拓展阅读

名师点拨

朱光潜先生在开篇就谈“自己是不易对付的”这个问题，为什么不易对付呢？一方面是由于我们对自己调剂安排不能恰到好处，即不能把自己放在一个合适的位置，要么夸大自己，要么不够自信；另一方面是由于当局者迷，一个人所好者莫过于自己，那就更加不易认识自己了。同时朱先生也谈到人人都会陷入自恋的困境，这是普遍现象，但是要把世界和同类作镜子才能认清自己，即对待自己要有自知之明，只有这样自己才能进步。在朱先生看来，知道人类知识是有限的；意识到自我是渺小的；懂得敬仰自己不知不能的事物，能做到这三点才是真正的谦虚，也才能真正的进步。

回味思考

1.从全文看，“自己不易对付”的原因有哪些？

2.引拉西司的故事，阐明了哪些道理？

3.结合文本内容，简述什么是真正的“谦虚”。

好词收藏

作茧自缚　自知之明　熟视无睹　高不可攀　天高地厚

谈　敬

名师伴你读

人要有敬畏之心，所谓常怀敬畏心，就是心有所畏，行有所止，严格要求自己，哪怕在日常小事和生活细节上都守住底线，严于律己。

朋友：

前年夏天我到日本去旅行，最使我感动而至今仍眷恋不忘的是在东京明治天皇神宫所见到的一幅景象。那是一个天清气爽的早晨，明治神宫在一座广大的松柏参天，鸦风雀静的园子里巍然兀立，前面横着一条洁净无尘的柏油大道。一队又一队的青年学生走这条路上学去，走到神宫面前时，都转身向神宫脱帽深深地一鞠躬，然后再继续走他们的路。成群的固然如此，就是单独的行人走到神宫面前对于这一项顶礼也丝毫不苟且。看他们的面容是那样严肃沉着，想来不是一种虚文繁礼，而真是内心敬仰的流露。那时节，我忘记国家的界限，不知不觉地对日本人所表现的这种精神肃然起敬，心里想，日本人究竟不是一个可以轻视的民族。

阐释

从“丝毫不苟且”可以看出日本人对于这一项顶礼的认真和严肃的态度，所以这对他们来说不是繁文缛节，而是内心情感自然地流露。

这种感想常存在心里，一直到去年二月二十六日的日本政变，才受一种出于意外的动摇。那几天的报纸已不在手边，但是经过的大概我还约略记得。二月二十六日那天早晨有一批青年军人同时分途闯进几位国老元勋的住宅去行所谓“清君侧”的壮举。他们闯进以清廉著名的首相冈田的房里，冈田夫人跪地央求他们饶了冈田，让他报效国家，而他们却悍然不顾，把他像宰猪屠狗的杀死了，他们闯进高桥老藏相的房里，老藏相头上耸着八十余龄老叟的白发，面上横着为国家任劳任怨所得的皱纹，向他们瞪着哀怜的眼睛，他们也悍然不顾，把他像宰猪屠狗的伤害了。同时他们用同样的残酷的方法杀害了许多其他国老元勋。据后来的报告，说冈田幸而没有死，但是代冈田而死的松尾面貌活像冈田，行刺者是把他认作冈田杀死的，所以在道德上的意义，他们杀松尾是与杀冈田无殊。当时我看到这种消息，我也忘记国家的界限，对这些遇难者表示真挚的同情，同时也觉得日本固有的可宝贵的虔敬精神到现在像是逐渐衰落了，不免有些惋惜，心里又想，如果那次的凶杀能代表现代日本的特殊精神，日本也就不复是一个可畏的民族了。

比喻

作者把冈田脸上的皱纹比喻成为国家劳动所长，仿佛能从老人的脸上看到他曾经经历的沧桑和苦难，这一形容十分形象生动地突出了冈田为国家所做出的巨大贡献，也从侧面反映了青年军人的残酷和冷漠以及作者对他们的厌恶。

那两种很强烈的相反衬的印象近来常在我心中盘旋。它们使我深刻地感觉到“敬”一个字所代表的情感对于一个民族或一个人的重要。我想，无论是一个民族或是一个人，如果心里没有“敬”的情感，绝不会有伟大的成就。我不能仔细用逻辑说明这层道理。这也许仅是我的一种直觉，也许是历史传记把无数古今伟大人物的经验在我心中所积累成的总印象。

提起“敬”，我想到摩西率领六十万犹太人从埃及步行九十余天到西乃山对着山巅的云雾雷电，膜拜他们的尊神耶和华，战战兢兢地受他们的十诫，我想到从前过红海时所望见的天方教徒，在炎天烈日之下的空旷荒野的沙漠里，默默向麦加城俯身合掌祷祝。这种宗教情绪是最原始式的“敬”，而现代人所鄙视的迷信，但是这种迷信的意义是值得深长思的。靠着它，许多原始民族在忧患艰难中很自信地向前挣扎，维持他

举例子

作者通过列举摩西和天方教徒的例子旨在说明古代人“敬”的虔诚和严肃。

阐释

心中有“敬”，可以给人类以度过苦难的信心，引导人类向善、向上。

读书笔记

举例子

很多人都认为英雄崇拜是古代人的盲目无知，在现代科学技术发达的现代不需要崇拜英雄。作者连用四个反问，突出强调了崇拜英雄在当今社会仍有必要，而且历史事实已经证明的确如此。

们的永久生命，靠着它，人类不甘与其他动物同自封于饮食男女的满足，而要悬一个超于人类的全善全能的理想，引导他们，鼓励他们做向上的企图，“敬”不是别的东西，它就是人类的一种自然地向善向上的情感。心里觉得一件东西可尊贵，觉得它超过于自己所常达到的限度，而值得自己去努力追求，于是才对它肃然起敬。

敬的情感在宗教之外又表现于英雄崇拜。提起它，我想起斯巴达王列奥尼达以三百人的孤军死守德摩比利山峡，抵抗几十万的波斯大军，宁可全军覆没，不愿放弃他们的职守。后来希腊诗人在山峡旁纪念碑上题着一句简单而深刻的铭语：“过路人，请告诉斯巴达人，因为服从他们的命令，我们躺在这里。”我想象到这句话所说的英雄事迹在每个希腊人的心中所引起的虔敬，所提起的勇气。这三百人死了，那几十万波斯大军也终究没有征服希腊，希腊人的生命就靠着这一点虔敬，这一股勇气做了救星。历史上同样的实例不胜枚举。每个国家在新兴时代都有些民族英雄盘踞在一般民众的想象里，使他们咏歌赞叹，使他们奉为模范，追磁仿效，把生命的价值与荣誉永远保持下去。凡是原始时代的史诗都是对于民族英雄的虔敬崇拜的表现。希腊民族的阿喀琉斯，日耳曼民族的西格弗里，法兰西民族的查理大帝都是著例。这些民族的蹶兴，原因固不止一种，他们各有几个民族英雄成为国人的中心信仰与一国特殊精神的结晶，这一层恐怕比任何其他原因都较重要。史诗时代的英雄崇拜在今日固已过去，这是宗教神话的衰落与德谟克拉西精神的兴起所必有的结果。所以在今日谈英雄崇拜不免引起顽固腐朽的讥诮。但是事实最雄辩，骂英雄崇拜的德谟克拉西派与普罗派的人们实际上自己也还在很虔敬地崇拜英雄。倘若不然，谁去要卢梭进先贤祠？谁去替华盛顿立纪念坊？谁去替列宁造铜像？谈到究竟，历史是几个伟大人物造成的。他们特立独行，坚苦卓绝地战胜环境困难，实现他们的理想，留给我们无穷的恩惠。无论他们是政治上的人物像华盛顿和列宁，宗教上的人物像释迦和耶稣，学术上的人物像苏格拉底和孔子，都是值得我们虔诚膜拜的。一种伟大的精神在人间能不朽，就全靠这一颗虔敬的心。“敬”是对于生命最有价值的东西的眷恋，人类到失去虔敬情感的时候，就不会做向上的企图，使生命成为一种有价值的东西了。

虔敬的心到处可以表现。站在一座雄伟峭拔的高峰前，你的心里猛然迸出惊赞；读过一篇情感真挚表现完美的文艺作品，你不由自主地受感动；看到一只老麻雀从树顶上跳下来和一条猛犬拼命，营救它的雏鸟，像屠格涅夫在一首散文诗里所描写的，你心里佩服它的慈祥与勇敢，这都是虔敬的流露。一个人可以敬他的人性和人权，敬他的恩人和良师益友，敬他的责任，敬他的事业，敬他所有的一颗虔敬的心。有天良的人都必有一颗虔敬的心，到失去这颗心时，他的天良必先已丧尽，人其名而兽其实了。

中国先儒也常以主“敬”教人，但是到末流“敬”变成道学家的一种拘束。“敬”本是良心的自然流露，在外表所看得出来的是“礼”。一部《礼记》和一部《仪礼》可以说是先儒想把“敬”的表现定成一种条文，把“敬”加以公式化或刻板化。“敬”是精神，“礼”是形骸。他们以为精神可以借形骸而维持其生命，其实形骸虽存，精神可以不存在。借重形骸，结果往往使人逐渐忘去它所应表现的精神，而形骸也变成空洞累赘。“敬”由“礼”而流为拘束的原因即在此。举一个很浅显的例子：向总理遗像鞠躬读遗嘱，本来应该是一种虔敬的表示，现在一般行政人员和学生们举行这种礼节时，心里大半没有丝毫虔敬

读书笔记

阐释

如何知道一个人有一颗虔敬的心呢？作者做了回答，虔敬的心从一个人的外在来看就是“礼”。

阐释

向总理遗像鞠躬是一个很虔诚的仪式，但现在这种仪式却成为很多人的束缚和累赘，这说明“敬”的主要精髓在其内在的精神，即要有虔诚的心，而不是外在的仪式。

的念头，就不免嫌它是一种拘束了。

我常替我们现在的中华民族担忧，我觉得我们现代中国人，无论老少，都太缺乏真挚的虔敬心。中国人本来是一个最不宗教的民族，不过在已往几千年中我们却也有一个中心信仰而对于它也怀着一种虔敬。我们曾经敬仰过忠孝节义的美德，我们曾经敬仰过在政治学术文艺各方面有伟大建树的人物。在现代，这些似乎都已变成被唾弃的偶像了。我们的心中变成很空洞的，觉得世间似乎没有一个人，一件东西或是一种品格值得我们心悦诚服地尊敬。根本上我们就已经失去一颗虔敬的心，一件奇耻大辱不能使我们感到羞耻，一个伟大人物的嘉言懿行不能使我们感发兴起。在种种方面我们都贪苟且，做官苟且抓钱，办外交苟且妥协，守防地苟且降屈退让，过毒窟妓院苟且贪一时的感官快乐……这种种“苟且”都是虔敬心丧失的铁证。文学是民族精神的最直接的表现，而现在中国最流行的文学是幽默诙谐讽刺，是无聊的感伤，是不负责任的呐喊。它所表现的是一副憨皮笑脸的态度。虔敬站在它旁边自然显得迂腐了。

朋友，你想想看，世间哪一件伟大的事业是憨皮笑脸的态度可以产生出来的？哪一个民族或则哪一个人心里不敬仰一种高尚的理想而能做向上的企图？在这憨皮笑脸的世界中，小心提防受他们的传染，时时读伟大人物的传记，滋养你那一颗虔敬的心啊！

读书笔记

讽刺

作者用“嬉皮笑脸”一词深刻地讽刺了当今中国流行文学的态度和企图，这些流行文学不认真严肃的态度和功利的企图最终会使他们走下坡路，同时也会毒害社会风气。

拓展阅读

名师点拨

“谈敬”这篇文章中的文字让人不免深受震撼，比如希腊诗人在山峡旁纪念碑上题着一句简单而深刻的铭语：“过路人，请告诉斯巴达人，因为服从他们的命令，我们躺在这里。”这三百人死了，那几十万波斯大军也终究没有征服希腊，希腊人的生命就靠着这一点虔敬，这一股勇气做了救星。这句简单的诗句在希腊人的心中所引起的虔敬是什么程度的呢？我想一定是巨大的。还有文章的末尾处写道：我们曾经敬仰过忠孝节义的美德……它所表现的是一副憨皮笑脸的态度。虔敬站在它旁边自然显得迂腐了。钱老告诫我们要小心提防受他们的传染，我们应该要保持一颗虔敬的心。

回味思考

1.结合文本，谈谈什么是“敬”？

2.朱先生为什么认为“敬”对一个民族来说是非常重要的？

3.你认为怎样才能做到“敬”呢？

好词收藏

肃然起敬　全军覆没　心悦诚服　奇耻大辱　嘉言懿行

好句积累

◔ 那时节，我忘记国家的界限，不知不觉地对日本人所表现的这种精神肃然起敬，心里想，日本人究竟不是一个可以轻视的民族。

◔ 我想，无论是一个民族或是一个人，如果心里没有“敬”的情感，绝不会有伟大的成就。

谈恐惧心理

名师伴你读

我们为什么会经常感到恐惧？恐惧是好是坏？我们到底在恐惧什么？关于恐惧我们会发出一连串的疑问，这篇文章里朱光潜先生将从心理学为我们解答关于恐惧的问题。

最近这几个月中，人们都有大难临头的预感，骚动得特别厉害。一会儿大家纷纷抢购粮食，出比市价高几倍的价钱也在所不惜，仿佛以为不如此就有一天会饿死，像长春人民一样，一会儿大家又纷纷抛售衣物房屋，仿佛以为他们所居的地方危在旦夕，先捞几个现钱再说，到必要时可以逃到他们所想象的安全地带。平津人纷纷逃到京沪，京沪人纷纷逃到平津，像惊鼠似的东奔西窜，惹得交通格外拥挤，秩序格外紊乱。这种惊慌的情形可以从政治经济教育社会种种观点来看，在这里我想只把它当作一个心理学的课题来稍加分析。

比喻 作者把逃难的人比作受了惊的老鼠，生动形象地表现出逃难者的惊慌失措和手忙脚乱的状态。

一切惊慌恐惧都起于危险的感觉，而一切危险，分析到究竟，都是对于生命的威胁。贪生是人与一般动物的最强烈的本能。尽管一个生命如何渺小，如何苦痛，尽管它的主子有时对它如何咒骂，真正到它有丧失的危险时，它还是一种“食之无肉，弃之可惜”的鸡肋，它的主子拼命也要把握着不放。就是这种生命的执着引起对于威胁生命的危险情境生恐惧。一切恐惧到头来只不过是“怕死”。

可是一个人如果真正到了绝境，面前只有死路一条，无可避免，恐惧无补于事，他也就不会恐惧。牛羊到了屠场，知道一切都完了，心里冷了下来，也就定了下来。许多死囚很潇洒自在地上刑场，道理也是如此。引起恐惧的危险情境大抵不是绝境。从心理学观点看，恐惧情绪与逃避本能是分不开的，所以恐惧的对象是可逃避的，这逃避的可能在恐惧者的心中还是一线希望。希望本是恐惧的反面，可是二者常在“狼狈为奸”，缺了一个，另一个就不能行。临到一个险境好比站在一面剃刀锋上，倒东则活，倒西则死，望到倒东的可能便起希望，望到倒西的可能便起恐惧。所以贪生与怕死只是一件事的两面相。怕死，对于生就还没有绝望。

险境既然不是绝境，它就只有可能性而没有确定性。一个人当着险境，常是悬在虚空中，捉摸不定，把握不住，茫然不知所措，于是才感到恐惧。所以在恐惧心理状态中，理智难得清醒，知识总是模糊，情境在疑似之中，应付无果决之策，当其境者似有所知，又似无所知。如果毫无所知，他就会糊涂胆大，不知恐惧。“盲人骑瞎马，夜半临深池”，是一个典型的险境，但是盲人自己却若无其事。如果知道得清清楚楚，把握得住情境，也把握得住自己，他就应付有方，也不会恐惧。比如说生死问题，古今圣贤豪杰都不在这上面绞脑筋，因为他们“知命”，一切看透了，生和死都只是理所当然。再比如危险境界，像拿破仑那一类冒险家对之也无动于衷，因为他们明白那只是一个待解决的问题，而他们对于那问题的解决抱有坚强的自信。恐惧都表现为性格上的一种弱点，或是理智的欠缺，或是意志的薄弱。俗语说得好：“心虚胆怯。”心不虚，胆就不怯。所谓“心虚”就是由于把握不住环境，因而把握不住自己。

阐释

作者在这里把希望和恐惧的关系形容为“狼狈为奸”，凸显出恐惧也可以给人带来希望。

阐释

作者在这里说明了产生恐惧心理的一个重要原因就在于对未知事物的不确定。

举例子

作者在这里举出古今圣贤豪杰对于生死和危险的态度，他们从不恐惧，而是对解决问题抱有极大的自信。

引用

作者援引这两个成语典故旨在说明产生恐惧心理的一个重要原因是人们经常会把未知的危险放大，从而自己吓自己。

举例子

作者亲身经历的这个事例和前文所提到的“盲人骑瞎马，夜半临深池”有异曲同工之妙，正是因为没有感受到，所以才没有产生错觉，恐惧的心理也就不会那么大了。

举例子

作者在此通过列举枪打一只鸟和枪打一群鸟的例子，意在表明恐惧会随着数量的增多而扩大。

所以多疑者最易起恐惧，狐鼠是最好的例子。

“疑心生暗鬼”，恐惧者由于知解的含糊和自信心的丧失，对于所恐惧的对象常用幻想把它加以夸张放大，望见风，就是雨，一两分的危险便夸张放大成为十二万分。往往所谓危险全是一种错觉，“风声鹤唳，草木皆兵”。我自己亲眼见过一件事可以为证。约莫三十年前，我在武昌高师校读书。有一天正午，一百多同学正在饭厅里吃饭，猛然有几声枪声，顿时全饭厅里的人们都惊慌起来，有躲在饭桌下面的，有拿凳子顶在头上的，有乱窜乱叫的，有用拳头打破玻璃窗打得鲜血淋漓的。我当时没有注意到那响声，所以若无其事，能很清楚地观察到当场的人们的那种可怜可笑的神色。由那神色看来，他们仿佛以为那响声起于饭厅建筑本身，他们所恐惧的是那座旧房屋的倒塌，会使他们同归于尽。房屋当然并没有倒塌，而事后调查，那枪声的出发点距饭厅还有一里多路。这也许是一个极端的事例，不过许多引起惊慌恐惧的情境往往像这样是错觉所生的幻象，根本不存在，或者不如所想象的那么严重。

“恐惧的对象都是经过夸张放大的，在群众中这种夸张放大尤其一放不可收拾。群众是一个两面头的怪物，它可以壮声势也可以寒心胆，一个人怕，不算一回事，周围的人们都怕，那就真正可怕了。若是树上只有一只鸟，你放一声枪，它可能不理睬，纵然飞逃也是懒洋洋的。若是树上有一大群鸟，一声枪响就吓得它们惊叫乱窜，是鸟都飞散了，你从来不会发现有一只大胆的鸟敢留在那里。理由是很简单的。一只孤单的鸟在恐惧中见不到自己恐惧的神色，好比一个声音触不起回响，就不会放大。一大群鸟都恐惧时，每只鸟的恐惧神色都映在余鸟的眼帘里，于是每只鸟就由于同情的回荡，把所见到的许多鸟的恐惧都灌注到它自己的恐惧里去，汇众水于巨流。这是群众心理家们所说的模拟作用和暗示作用。很显然这时候引起恐惧的并非当时危险情境本身，而是同类的恐惧的神色。不消说得，这种放大的恐惧要远超过当时危险情境本身所需要的。这可以说是群众的病态心理。一个群众到了染上这种病态时，就失去一切自制力与自信心，什么事也不会成功。俗语说，“兵败如山崩”，就是这个道理。群众也有群众的错觉和幻想，当然也就可以把一个危险情境夸张放大，以讹传讹，往往把真实情况弄得牛头不对马嘴。由于这个缘故，谣言在一个恐慌的群众中特别占势力。

恐惧是一种情绪，根源在逃避本能。依一般心理学家说，凡是情绪和本能在生物进化上都有它们的功用，对于人和动

引用

俗话说："三人成虎。" "兵败如山崩"，这都说明消极情绪是可以传播的，并且传染的速度是非常之快的，传染的力量是非常之大的。

物的生存都有裨益。关于恐惧，我就不免怀疑。恐惧的最常见的后果不外两种。一种是使当事者落到瘫痪状态。请看鼠见着猫或是小动物见着蛇，还没有被捕食，就吓得不能动弹。有时猫还故意把捕得的鼠放去，任它逃而它却吓得不能逃。人也是如此，许多人在惊慌中最常见的反应是“仓皇失措”，不知道怎么办，只好什么都不办。另一种是使当事者落到狂乱状态。应该逃开那危险的局面，他是知道的，可是怎样逃开，他却不知道，于是手慌脚忙，乱冲乱撞，结果往往闯出更大的祸事。许多避难的人并不死于枪林弹雨而死于拥挤践踏之类意外之灾。我颇疑心恐惧这种情绪在动物的原始阶段或许有它的用处，到了人类现阶段，它就有如盲肠，害多于利。因此，我很同情于柏拉图，他认为“理想国”的公民应尽力拔除恐惧的情绪，同时，我也很向往中国先贤所提倡的雍容镇静和大无畏的精神。

阐释

盲肠在人体中的作用并不明显，作者以盲肠作比，凸显出恐惧情绪对人类的危害以及作者对此现状的担忧。

拓展阅读

名师点拨

恐惧，是一种人类及生物心理活动状态，通常称为情绪的一种。恐惧是指人们在面临某种危险情境，企图摆脱而又无能为力时所产生的担惊受怕的一种强烈压抑情绪体验。人类最为惧怕的事物有哪些呢？是出于本能的恐惧，还是受后天环境的影响？

在这篇文章中，朱先生为我们解答了疑问。我们的恐惧大部分来自于对未知的茫然和不确定，并且我们的恐惧会因为人的数量的增多而放大。此外，俗话说：“三人成虎。”消极情绪是可以传播的，并且传染的速度和力量是非常之快的。朱先生在文中以自己的亲身经历以及援引俗语“盲人骑瞎马，夜半临深池”告诉我们正是因为没有感受到，所以才没有产生错觉，恐惧的心理也就不会那么大了。

回味思考

1.结合你所学的，分析一下朱先生为什么要谈论恐惧？

2.从心理学角度看，恐惧心理是如何产生的呢？

3.在你看来应该如何克服恐惧心理呢？

好词收藏

东奔西窜　若无其事　无动于衷　仓皇失措　枪林弹雨

好句积累

◔ 平津人纷纷逃到京沪，京沪人纷纷逃到平津，像惊鼠似的东奔西窜，惹得交通格外拥挤，秩序格外紊乱。

◔ 一切惊慌恐惧都起于危险的感觉，而一切危险，分析到究竟，都是对于生命的威胁。

◔ 一个人当着险境，常是悬在虚空中，捉摸不定，把握不住，茫然不知所措，于是才感到恐惧。

◔ 我颇疑心恐惧这种情绪在动物的原始阶段或许有它的用处，到了人类现阶段，它就有如盲肠，害多于利。

谈学文艺的甘苦

名师伴你读

当今青年人或多或少都中过几分浪漫文艺的毒，有过酷爱文艺的时期。很多时候，文艺是我们的避风塘，在我们穷愁寂寞的时候给予安慰，而有些时候，文艺也是我们融入现实社会的魔障。

亲爱的朋友们：

这个题目是丏尊先生出给我做的。他说常接到诸位的信，怪我近来少替《中学生》写文章，现在《中学生》预备出“文艺特辑”，希望我说几句切实的话。诸位的厚意实在叫我万分惭愧。我从前常给诸位写信时，自己还是一个青年，说话很自在，因为我知道诸位把我当作一个伙伴看待。眼睛一转，我现在已经糊糊涂涂地闯进中年了。因为教书，和青年朋友们接触的机会还是很多，但是我处处感觉到自己已从青年侪辈中落伍出来了。我虽然很想他们仍然把我看作他们中间一个人，但是彼此中间终于是隔着一层什么似的，至少是青年朋友们对于我存有几分歧视。这是常使我觉得悲哀的一件事。我歇了许久没有说话，一是没有工夫去说；二是没有兴会去说；三是没有勇气去说。至于我心里却似一个多话的老年人困在寂寞里面，常渴望有耐烦的年轻人听他唠叨地剖白心事。

叙述 从作者的这句自述可以感受到作者想要与青年人沟通、交流的渴求，以及作者与青年人中间不可跨越的鸿沟。

叙述 从这里可以看出作者心中的无奈以及想要和青年学者接触、沟通、交流的渴望。

我担任的是文学课程。那些经院气味十足的文艺理论不但诸位已听腻了，连我自己也说腻了。平时习惯的谦恭不容许我说我自己，现在和朋友们通信，我不妨破一回例。我以为切己的话才是切实的话，所以我平时最爱看自传、书信、日记之类赤裸裸地表白自己的文字。我假定你也是这样想，所以在这封信里我只说一点切身的经验。我所说的只是一些零星的感想，请恕我芜杂没有系统。

我对于做人和做学问，都走过许多错路。现在回想，也并不十分追悔。每个人的路都要由他自己摸索出来。错路的教训有时比任何教训都更加深切。我有时幻想，如果上帝允许我把这半生的账一笔勾销。再从头走我所理想的路，那是一件多么快乐的事！但是我也相信，人生来是"事后聪明"的，纵使上帝允许我"从头再做好汉"，我也还得要走错路。只要肯摸索，到头总可以找出一条路来。世间只有生来就不肯摸索的人才会堕落在迷坑里，永远遇不着救星。

一般人常说，文艺是一种避风息凉的地方，在穷愁寂寞的时候，它可以给我们一点安慰。这话固然有些道理，但亦未必尽然。最感动人的文艺大半是苦闷的呼号。作者不但宣泄自己的苦闷，同时也替我们宣泄了苦闷，我们觉得畅快，正由于此。不过同时，伟大的作家们也传授我们一点尝受苦闷的敏感。人生世相，在健康的常人看，本来不过尔尔，朦胧马虎地过活，是最上的策略。认识文艺的人，对于人生世相往往见出许多可惊可疑可痛哭流涕的地方，这种较异样的认识往往不容许他抱鸵鸟埋头不看猎犬式的乐观。这种认识固然不必定是十分彻底的，再进一步的认识也许使我们在冲突中见出调和。不过这种狂风暴雨之后的碧空晴日，大半是中年人和老年人的收获，而且古今中外的中年人和老年人之中有几人真正得到这种收获？苦闷的传染性极大，而超脱苦闷的彻底解

引用

作者在这里把"事后聪明"贬义褒用，如果没有走过弯路，犯过错误，那人怎么能从中得到经验教训，渐渐成长为好汉呢？只要我们勇于走错路、摸索经验，一定也能找到正确的路。

阐释

作者在这里点明了文艺作品的一个重要作用就是帮助读者宣泄心中的苦闷，这与古希腊哲学家亚里士多德提出的"净化说"类似。

阐释

作者通过反问凸显出能够真正认识文艺，并从文艺中得到许多收获的人，古往今来是不多的。

悟之难达到，恐怕更甚于骆驼穿过针孔。我对于西方文学的认识是从浪漫时代起。最初所学得的只是拜伦式的伤感。我现在还记得在一个轮船上读《少年维特之烦恼》，对着清风夕照中的山河悄然遐想，心神游离恍惚，找不到一个安顿处，因而想到自杀也许是唯一的出路。我现在还记得十五年前——还是二十年前？——第一次读济慈的《夜莺歌》，仿佛自己坐在花前月下，嗅着蔷薇的清芬，听夜莺的声音越过一个山谷又一个山谷，以至于逐渐沉寂下去，猛然间觉得自己被遗弃在荒凉世界中，想悄悄静静地死在夜半的蔷薇花香里。这种少年时的热情、幻想和痴念已算是烟消云散了，现在回想起来，好像生儿养女的妇人打开尘封的箱匣，检点处女时代的古老的衣装，不免自己嘲笑自己，然而在当时它们费了我多少彷徨，多少挣扎！

阐释

作者青年时读济慈《夜莺歌》的经历与感受说明认识文艺必须得与自己的亲身经历和感受相结合。

青年们大概都有一个时期酷爱浪漫派文学，都要中几分伤感主义的毒。我自己所受的毒有时不但使我怀疑浪漫派文学的价值，而且使我想到柏拉图不许他的理想国里有诗人，也许毕竟是一种极大的智慧。无论对于人生或是对于文艺，不完全的认识常容易养成不健康的心理状态。我自己对于文艺不完全的认识酿成两种可悲哀的隔阂。第一种是书本世界和现实的隔阂。像我们这种人，每天之中要费去三分之二的时间抱书本，至多只有三分之一的时间可以应事接物。天天在史诗、悲剧、小说和抒情诗里找情趣，无形中就造成另一世界，把自己禁锢在里面，回头看自己天天接触的有血有肉的人物反而觉得有些异样。文艺世界中的豪情胜慨和清思敏感在现实世界中哪里找得着？除非是你用点金术把现实世界也化成一个文艺世界。但是得到文艺世界，你就要失掉现实世界。爱好文艺的人们总难免有几分书呆子的心习，以书呆子的心习

阐释

作者在这里说明了“不完全的认识”可能会造成的后果，不管是对人生或是文艺，这都是不健康的心理状态。

去处身涉世，总难免处处觉得格格不入。蜗牛的触须本来藏在硬壳里，它偶然伸出去探看世界，碰上了硬拉的刺激，仍然缩回到硬壳里去，谁知道它在硬壳里的寂寞?

我所感到的第二种隔阂可以说是第一种隔阂的另一面。人本来需要同情，路走的越窄，得到同情的可能也就越小。所见相同，所感才能相同。文艺所表现的固然有大部分是人人同见同感的，也有一部分是一般人所不常见到不常感到的。这一般人所不常见到不常感到的一部分往往是最有趣味的一部分。一个人在文艺方面天天向深刻微妙艰难处走，在实际生活方面，他就不免把他和他的邻人中间的墙壁筑得一天高厚似一天。说“今天天气好”，人人答应你“今天天气的确是好”；说“卡尔登今晚的片子有趣”，至少有一般爱看电影的人们和你同情。可是一阵清风吹来，你不能在你最亲爱的人的眼光里发现突然在你心中涌现的那一点灵感，你不能把莎士比亚的佳妙处捧献你的母亲，你不能使你的妻子也觉得东墙角的一枝花影，比西墙角的一枝花影意味更加深永。这个世界原来是让大家闲谈“今天天气好”的世界，此外你比较得意的话只好留着说给你自己听。

我对于文艺的认识是不完全的，我已经承认过。从大诗人和大艺术家的传记和作品看，较深厚的修养似乎能打消这种隔阂。不过关于这一点，我只好自招愚昧。上面所说的一番话也不尽是酸辛语，我有时觉得这种酸辛或许就是一种甜蜜。我的用意尤其不在咒骂文艺。我应该感谢文艺的地方很多，尤其是它教我学会一种观世法。一般人常以为只有科学的训练才可以养成冷静的客观的头脑。拿自己的前前后后比较，我自觉现在很冷静，很客观。我也学过科学，但是我的冷静的客观的头脑不是从科学得来的，而是从文艺得来的。凡

比喻

爱好文艺的人就像蜗牛躲在壳里一样长期待在文艺世界中，时间久了就会与世界产生隔阂，我们要主动走出自己的“壳”，勇敢地面对外面的世界。

阐释

文艺中的精妙及乐趣要深入到文艺之中去才能够获得，而现实世界中的人们往往又没有深入到文艺之中去，因而这些乐趣也就很难与他们来分享。

阐释

从中可以看出学文艺给作者带来了痛苦的同时，也给他带来了甘，即一般人常拿实际人生的态度去看戏，而作者以置身戏外的态度看戏，因为作者从文艺中得到了冷静的客观的头脑。

是不能持冷静的客观的态度的人，毛病都在把“我”看得太大。他们从“我”这一副着色的望远镜里看世界，一切事物于是都失去它们本来的面目。所谓冷静的客观的态度，就是丢开这副望远镜，让“我”跳到圈子以外，不当作世界里有“我”而去看世界，还是把“我”与类似“我”的一切东西同样看待。这是文艺的观世法，这也是我所学的观世法。我现在常拿看画的方法看一片园林或一座房屋，拿看小说或戏剧的方法看一对男女讲恋爱或是两个老谋深算的人斗手腕。一般人常拿实际人生的态度去看戏，看到曹操奸猾，不觉义愤填膺，本来是台下的旁观者，却跃跃欲试地想跳到台上去，把演曹操的角色杀死。我的方法与此恰恰相反。我本是世界大舞台的一个演员，却站在台下旁观喝彩。遇着真正的曹操，我也只把他当作扮演曹操的角色看待，是非善恶都不成问题，嗔喜毁誉也大可不必，只觉得他有趣而已。我看自己也会是如此，有时猛然发现自己在演小丑，也暗地里冷笑一阵。

阐释

作家在通过文艺宣泄自己苦闷的同时，其实也宣泄了读者的苦闷。更重要的是，作者通过文艺看到人生世相中许多可惊可疑可痛哭流涕的地方，丰富自己的认识与情感。

有人骂这种态度“颓废”“不严肃”。事关性分，我不愿置辩。不过我可以说，我所懂得的最高的严肃只有在超世观世时才经验到，我如果有时颓废，也是因为偶然间失去超世观世的胸襟而斤斤计较自己的利害得失。我不敢说它对于旁人怎样，这种超世观世的态度对于我却是一种救星。它帮助我忘却许多痛苦，容耐许多人所不能容耐的人和事，并且给过我许多生命力，使我勤勤恳恳地做人。

朋友们，我从文艺所得到的如此。个人的性格和经验不一样，我的话也许不能应用到诸位身上去，不过我们所说的句句是体验过来的话，希望可以供诸位参考。

拓展阅读

名师点拨

朱先生在文中谈到了学文艺的好处：看到人生世相中许多可惊可疑可痛哭流涕的地方，丰富了自己的认识与情感；得到了现实生活中得不到的豪情胜慨和清思敏感，获得许多乐趣；养成冷静的客观的头脑。但同时也有很多苦：会让人尝试苦闷；会带来隔阂。朱先生说，“你比较得意的话只好留着说给你自己听”。

回味思考

1.结合文本，谈谈学文艺有哪些甘苦？

2.“你比较得意的话只好留着说给你自己听”这一句话的含意是什么？你对此是如何看待的？

好词收藏

剖白　零星　一笔勾销　痛哭流涕　老谋深算　跃跃欲试

好句积累

◔ 一般人常说，文艺是一种避风息凉的地方，在穷愁寂寞的时候，它可以给我们一点安慰。这话固然有些道理，但亦未必尽然。

◔ 不过这种狂风暴雨之后的碧空晴日，大半是中年人和老年人的收获，而且古今中外的中年人和老年人之中有几人真正得到这种收获？

◔ 青年们大概都有一个时期酷爱浪漫派文学，都要中几分伤感主义的毒。

谈读诗与趣味的培养

名师伴你读

读诗并非易事，趣味的培养也非一朝一夕之功。但对于青年人来说应该如何读诗呢？如何培养自己的趣味呢？

阐释　一个动词“瞟”生动形象地写出了旁听者一遇到讲诗时就偷偷溜走的状态，十分贴切自然。

据我的教书经验来说，一般青年都欢喜听故事而不欢喜读诗。记得从前在中学里教英文，讲一篇小说时常有别班的学生来旁听；但是遇着讲诗时，旁听者总是瞟着机会逃出去。就出版界的消息看，诗是一种滞销货。一部大致不差的小说就可以卖钱，印出来之后一年中可以再版三版。但是一部诗集尽管很好，要印行时须得诗人自己掏腰包做印刷费，过了多少年之后，藏书家如果要买它的第一版，也用不着费高价。

从此一点，我们可以看出现在一般青年对于文学的趣味还是很低。在欧洲各国，小说固然也比诗畅销，但是没有在中国的这样大的悬殊，并且有时诗的畅销更甚于小说。据去年的统计，法国最畅销的书是波德莱尔的《罪恶之花》。这是一部诗，而且并不是容易懂的诗。

反问　通过这简简单单的一问一答，就可以看出诗在文学当中的重要地位，同时也表明了读诗与文学趣味的重要联系。

一个人不欢喜诗，何以文学趣味就低下呢？因为一切纯文学都要有诗的特质。一部好小说或是一部好戏剧都要当作一首诗看。诗比别类文学较严谨，较纯粹，较精致。如果对于诗没有兴趣，对于小说戏剧散文等的佳妙处也终不免有些隔膜。不爱好诗而爱好小说戏剧的人们大半在小说和戏剧中只能见到最粗浅的一部分，就是故事。所以他们看小说和戏剧，不问它们的艺术技巧，只求它们里面有有趣的故事。他们最爱读的小说不是描写内心生活或者社会真相的作品，而是《福尔摩斯侦探案》之类的东西。爱好故事本来不是一件坏事，但是如果要真能欣赏文学，我们一定要超过原始的童稚的好奇心，要超过对于《福尔摩斯侦探案》的爱好，去求艺术家对于人生的深刻的观照以及他们传达这种观照的技巧。第一流小说家不尽是会讲故事的人，第一流小说中的故事大半只像枯树搭成的花架，用处只在撑持住一园锦绣灿烂生气蓬勃的葛藤花卉。这些故事以外的东西就是小说中的诗。读小说只见到故事而没有见到它的诗，就像看到花架而忘记架上的花。要养成纯正的文学趣味，我们最好从读诗入手。能欣赏诗，自然能欣赏小说戏剧及其他种类文学。

阐释

诗是培养趣味的最好媒介，能欣赏诗的人也能理解其他文学样式的佳妙之处，所以我们平时应该多读诗，以此来培养自己的文学鉴赏能力。

如果只就故事说，陈鸿的《长恨歌传》未必不如白居易的《长恨歌》或洪升的《长生殿》，元稹的《会真记》未必不如王实甫的《西厢记》，兰姆(Lamb)的《莎士比亚故事集》未必不如莎士比亚的剧本。但是就文学价值说，《长恨歌》《西厢记》和莎士比亚的剧本都远非它们所根据的或脱胎的散文故事所可比拟。我们读诗，须在《长恨歌》《西厢记》和莎士比亚的剧本之中寻出《长恨歌传》《会真记》和《莎士比亚故事集》之中所寻不出来的东西。举一个很简单的例子来说，比如贾岛的《寻隐者不遇》：

举例子

作者列举贾岛和崔颢的诗主要是为了说明诗中有与其他文学样式不同的价值。

松下问童子，言师采药去。只在此山中，云深不知处。

或是崔颢的《长干行》：

君家何处住？妾住在横塘。停舟暂借问，或恐是同乡。

里面也都有故事，但是这两段故事多么简单平凡？两首诗之所以为诗，并不在这两个故事，而在故事后面的情趣，以及抓住这种简朴而隽永的情趣，用一种恰如其分的简朴而隽永的语言表现出来的艺术本领。这两段故事你和我都会说，这两首诗却非你和我所作得出，虽然从表面看起来，它们是那么容易。读诗就要从此种看来虽似容易而实在不容易作出的地方下功夫，就要学会了解此种地方的佳妙。对于这种佳妙的了解和爱好就是所谓“趣味”。

阐释

“容易作出的地方”是指简单平凡的故事，“实在不容易作出的地方”指艺术家对人生的深刻观照和传达这种观照的技巧。

各人的天资不同，有些人生来对于诗就感觉到趣味，有些人生来对于诗就丝毫不感觉到趣味，也有些人只对于某一种诗才感觉到趣味。但是趣味是可以培养的。真正的文学教育不在读过多少书和知道一些文学上的理论和史实，而在培养出纯正的趣味。这件事实在很不容易。培养趣味好比开疆辟土，须逐渐把本非我所有的变为我所有的。记得我第一次读外国诗，所读的是《古舟子咏》，简直不明白那位老船夫因射杀海鸟而受天谴的故事有什么好处，现在回想起来，这种蒙昧真是可笑，但是在当时我实在不觉得这诗有趣味。后来明白作者在意象音调和奇思幻想上所做的功夫，才觉得这真是一首可爱的杰作。这一点觉悟对于我便是一层进益，而我对于这首诗所觉到的趣味也就是我所征服的新领土。我学西方诗是从十九世纪浪漫派诗人入手，从前只觉得这派诗有趣味，讨厌前一个时期的假古典派的作品，不了解法国象征派和现代美国的诗，因为这些诗都和浪漫派诗不同。后来我多读一些象征派诗和英国

阐释

“我所征服的新领土”主要指的是作者对法国象征派诗、英国现代诗和假古典派作品逐渐感到趣味，逐渐明白其中的用意。

现代诗，对它们逐渐感到趣味，又觉得我从前所爱好的浪漫派诗有好些毛病，对于它们的爱好不免淡薄了许多。我又回头看看假古典派的作品，逐渐明白作者的环境立场和用意，觉得它们也有不可抹杀处，对于他们的嫌恶也不免减少了许多。在这种变迁中我又征服了许多新领土，对于已得的领土也比从前认识较清楚。对于中国诗我也经过了同样的变迁。最初我由爱好唐诗而看轻宋诗，后来我又由爱好魏晋诗而看轻唐诗。现在觉得各朝诗都各有特点，我们不能以衡量魏晋诗的标准去衡量唐诗和宋诗。它们代表几种不同的趣味，我们不必强其同。

对于某一种诗，从不能欣赏到能欣赏，是一种新收获；从偏嗜到和他种诗参观互较而重新加以公平的估价，是对于已征服的领土筑了一层更坚固的壁垒。学文学的人们的最坏的脾气是坐井观天，依傍一家门户，对于口味不合的作品一概藐视。这种人不但是近视，在趣味方面不能有进展；就连他们自己所偏嗜的也很难真正地了解欣赏，因为他们缺乏比较资料和真确观照所应有的透视距离。文艺上的纯正的趣味必定是广博的趣味；不能同时欣赏许多派别诗的佳妙，就不能充分地真确地欣赏任何一派诗的佳妙。趣味很少生来就广博，好比开疆辟土，要不厌弃荒原瘠壤，一分一寸地逐渐向外伸张。

趣味是对于生命的彻悟和留恋，生命时时刻刻都在进展和创化，趣味也就要时时刻刻在进展和创化。水停蓄不流便腐化，趣味也是如此。从前私塾冬烘学究以为天下之美尽在八股文、试帖诗、《古文观止》和了凡《纲鉴》。他们对于这些乌烟瘴气何尝不津津有味？这算是文学的趣味吗？习惯的势力之大往往不是我们所能想象的。我们每个人多少都有几分冬烘学究气，都把自己囿在习惯所画成的狭小圈套中，对于这个圈套以外的世界都视而不见，听而不闻。沉溺于风花雪月者以为只

阐释

这里“已得的领土”指的是作者觉得十九世纪浪漫诗派有趣味，作者学习了新知识后对已有的旧知识又有了新的见解和思路，这是作者自身认识的发展。

讽刺

作者在此辛辣地嘲讽了那些视野不够开阔，不能够开辟疆土培养趣味的人，这对我们来说是一个警醒，我们不能成为这样目光狭隘的人。

比喻

作者用水流来类比趣味，旨在说明培养趣味要时时刻刻不断进步，一旦停止就会被自己所困。

有风花雪月中才有诗，沉溺于爱情者以为只有爱情中才有诗，沉溺于阶级意识者以为只有阶级意识中才有诗。风花雪月本来都是好东西，可是这四个字连在一起，引起多么俗滥的联想！联想到许多吟风弄月的滥调，多么令人作呕！“神圣的爱情”“伟大的阶级意识”之类大概也有一天都归于风花雪月之列吧？这些东西本来是佳丽，是神圣，是伟大，一旦变成冬烘学究所赞叹的对象，就不免成了八股文和试帖诗。道理是很简单的。艺术和欣赏艺术的趣味都必有创造性，都必时时刻刻在开发新境界。如果让你的趣味围在一个狭小圈套里，它无机会可创造开发，自然会僵死，会腐化。一种艺术变成僵死腐化的趣味的寄生之所，它怎能有进展开发？怎能不随之僵死腐化？

阐释 艺术和欣赏艺术的趣味必须要有创新，这样艺术才能变化和发展。

艺术和欣赏艺术的趣味都与滥调是死对头。但是每件东西都容易变成滥调，因为每件东西和你熟悉之后，都容易在你的心理上养成习惯反应。像一切其他艺术一样，诗要说的话都必定是新鲜的。但是世间哪里有许多新鲜话可说？有些人因此替诗危惧，以为关于风花雪月，爱情，阶级意识等的话或都已被人说完，或将有被人说完的一日，那一日恐怕就是诗的末日了。抱这种过虑的人们根本没有了解诗究竟是怎么一回事。诗的疆土是开发不尽的，因为宇宙生命时时刻刻在变动进展中，这种变动进展的过程中每一时每一境都是个别的，新鲜的，有趣的。所谓“诗”并无深文奥义，它只是在人生世相中见出某一点特别新鲜有趣而把它描绘出来。这句话中“见”字最吃紧。特别新鲜有趣的东西本来在那里，我们不容易“见”着，因为我们的习惯蒙蔽住我们的眼睛。我们如果沉溺于风花雪月，也就见不着阶级意识中的诗；我们如果沉溺于油盐柴米，也就见不着风花雪月中的诗。谁没有看见过在田里收获的农夫农妇！但是谁——除非是米勒（Millet）、陶渊明、华兹华

阐释 从这里可以看出作者认为没有必要“替诗危惧”，因为宇宙时刻都在变化和发展。

斯（Wordsworth）——在这中间见着新鲜有趣的诗？诗人的本领就在见出常人之所不能见，读诗的用处也就在随着诗人所指点的方向，见出我们所不能见；这就是说，觉到我们所素认为平凡的实在新鲜有趣。我们本来不觉得乡村生活中有诗，从读过陶渊明、华兹华斯诸人的作品之后，便觉得它有诗，我们本来不觉得城市生活和工商业文化之中有诗，从读过美国近代小说和俄国现代诗之后，便觉得它也有诗。莎士比亚教会我们在罪孽灾祸中见出庄严伟大，伦勃朗（Rambrandt）和罗丹（Rodin）教会我们在丑陋中见出新奇。诗人和艺术家的眼睛是点铁成金的眼睛。生命生生不息，他们的发现也生生不息。如果生命有末日，诗才会有末日。到了生命的末日，我们自无容顾虑到诗是否还存在。但是有生命而无诗的人虽未到诗的末日，实在是早已到生命的末日了，那真是一件最可悲哀的事。"哀莫大于心死"，所谓"心死"就是对于人生世相失去解悟和留恋，就是对于诗无兴趣。读诗的功用不仅在消愁遣闷，不仅是替有闲阶级添一件奢侈；它在使人到处都可以觉到人生世相新鲜有趣，到处可以吸收维持生命和推展生命的活力。

诗是培养趣味的最好的媒介，能欣赏诗的人们不但对于其他种种文学可有真确的了解，而且也决不会觉到人生是一件干枯的东西。

阐释

从这里可以看出作者认为不会有"诗的末日"，因为诗人的发现是生生不息的。

读书笔记

阐释

作者在这里肯定了读诗的价值和作用，对物质世界和精神世界都有裨益。

拓展阅读

名师点拨

三十年河东，三十年河西，随着时代的变迁，昔日高高居于文学顶端的诗歌辉煌不再，被作为一个时代文学成就标志的诗歌也由长篇小说代替，真是世易时移，让人感慨万千。文学的百花园本来是丰富多彩的，诗歌、散文、小说、戏剧、杂文、报告文学、文学评论等，都平等地盛开在文艺百花园中，从来没有此高彼低之说。然而，不知从何时起，不同的文体竟然有了高下之见，这真是世俗的眼光。文体没有高低，存在高低之分的，只是艺术水平。文体的发展自有其运行的规律，我们没有必要强迫诗人作家们都去赶潮流写长篇小说。请让他们遵循艺术的规律，在适合自己发展的道路上前行。而在各种文体之中，作为文学的要素，倘要做好，首先就要有一颗“诗心”。朱先生在这篇文章中论述了诗的重要性。什么是诗？什么是文学的趣味？这不是一两句话就能够阐释清楚的，但是，诗歌一定是艺术，艺术的东西就必定有趣味。

回味思考

1. 有人说“一个人不欢喜诗，就不可能爱好小说、戏剧和散文”，结合文本谈谈你的看法。

2. 作者认为没有必要“替诗危惧”，不会有“诗的末日”，他所持的理由有两点，它们分别是什么？

3. “诗是培养趣味的最好媒介，能欣赏诗的人也能理解其他文学样式的佳妙之处。”结合文本谈谈你对这句话的理解。

好词收藏

隽永　恰如其分　开疆辟土　视而不见　风花雪月　蒙蔽

好句积累

◔ 学文学的人们的最坏的脾气是坐井观天，依傍一家门户，对于口味不合的作品一概藐视。

◔ 趣味是对于生命的彻悟和留恋，生命时时刻刻都在进展和创化，趣味也就要时时刻刻在进展和创化。

◔ 诗的疆土是开发不尽的，因为宇宙生命时时刻刻在变动进展中，这种变动进展的过程中每一时每一境都是个别的，新鲜的，有趣的。

音乐与教育

名师伴你读

朱光潜先生提出音乐要作为一项基础教育向青年普及，他把音乐作为人生教育的一个重要部分。我们不禁发问：音乐真的有那么重要吗？

柏拉图写过一个长篇对话，叫作《理想国》，讨论理想的政治和教育。他知道要一个国家的政治合于理想，先要使它的教育合于理想，所以他费了大半篇幅谈理想国的统治阶级应该受什么样一种训练。他所定的课程异常简单。一个人在二十岁以前只消有两种教育工具，一是体操，一是音乐。至于我们现在的学校里许多功课，像史地，理化，数学，社会科学，哲学，外国文之类，他或是完全不讲，或是摆在二十岁以后的课程里。他的教育主张，在现代人看来，像很奇怪。可是如果你丢开成见，细心去想一想，你也许会佩服希腊人的思想，和他们的艺术一样，简单虽然简单，深刻却是深刻。体操讲究好了，身体可以健全；音乐讲究好了，心灵可以和谐。身心两方面都达到理想的状态，还愁有什么学不好或是做不好？身心是基本，我们近代人士基本不注意，只在一些肤浅的知识上做功夫，反自以为聪明。许多祸害似都由此起。我们急需回头猛醒。

阐释

柏拉图把体操和音乐设置为一个人在二十岁之前必须学会的教育，可见音乐在柏拉图的思想中占有很重要的地位。

阐释

音乐的和谐浸润到人的整个身心，身心的活动也就处处不违背和谐的原则了，健康的身心是成长的基础。

我在另一篇文章里已谈过体育的重要，现在专谈音乐。

音乐是一种最原始最普遍的艺术。飞禽走兽大半都欢喜歌唱，在歌唱中，它们表现生命的富裕和欢乐，同时，它们借歌舞把在生活中所领略得的乐趣传给同类，引起交感共鸣。歌唱在一般动物社会中是一种团结的原动力，它们没有文化传统和制度组织，但是它们一呼百应，一唱百和，全靠这一点声音上的感通。人类在原始阶段也还保持着这本能的音乐嗜好。没有一个原始民族不欢喜歌舞，小孩在个人生命史上相当于原始民族在种族生命史上，欢喜歌舞仍然是天性。人类到了开化以后，小孩到了成年以后，往往逐渐丧失音乐的嗜好，高兴时不放着嗓子唱一曲歌，颓唐时也不拿一种乐器来弹奏一番，哀乐全闷在心里，而且一个人关起来纳闷，生气因之萧索，同情也因之冷淡。这是一个极严重的损失，而且是违反自然本性的。对于这种现象的造成，教育家们要负一大部分责任，他们丢开了人类一个最强烈的本能，一个最有力的教育工具，不去利用。假如他们知道利用，音乐的力量要超出任何学问训练之上。

阐释

作者认为小孩成年后会逐步丧失音乐的嗜好，作者以此事实为例目的是为了引起人们对音乐教育的重视，同时也提醒我们音乐教育要从小孩抓起。

何以故呢？音乐不仅是最原始最普遍的艺术，而且是最完美的艺术，可以普及深入一般民众，从根本上陶冶人的性格。在其他艺术，实质与形式多少可以分别出来，了解实质与了解形式可以分为两事；音乐却完全融化实质与形式的分别，实质即形式，形式亦即实质，内外一致，天衣无缝。所以音乐达到了艺术的最高理想。如果美育是教育中一项要目，美育的最好工具就应该是音乐。音乐虽是顶完美的，却不能算是最困难的艺术。叔本华说得最清楚，一般艺术都须借意象来表现，例如文学所用的语文意义，图画所用的形色光影；音乐则为意志的直接外射，用不着凭借意象。所以了解其他艺术，

阐释

作者在这里指出音乐与其他艺术的最大不同在于音乐的实质与形式合二为一，可以从根本上陶冶人的情操。

我们须假道于理智，比如说，不懂得语文意义，就无从了解文学。音乐则表现最直接，感动也最直接，我们接受声音的刺激，生理上马上就起反响，用不着理智的分析。中国人不一定能了解外国的文学，但是多少可以受外国音乐的感动，因为没有语文的障碍。小孩子和乡下文盲尽管不能读书明理，也多少可以欣赏成年人和音乐家的唱歌奏乐，因为没有知识经验的障碍。音乐是纯从感官打动人心的，耳里听到，心里就起哀乐共鸣。这件事实可以解释音乐的普及性，也可以解释它的深入性。如果要教育的力量普及而又深入，舍音乐还有什么其他途径呢？

音乐对于人生至少有三重大功用。

第一是表现。情感思想都需要发扬宣泄。我们都知道在欢喜时大笑一场，在悲哀时痛哭一场，是一件畅快事。严守一个秘密，心里才感觉不舒服；尤其是感情不能压抑，压抑便引起冲突和苦痛。依近代心理学看，许多精神病都是情感不得宣泄的结果。表现在生气的洋溢。一个人或一个民族到了不需要艺术的表现时，那只有两种可能：一是生气萎竭，一是生气受不了自然的歪曲，向不正常不健康的路途发泄。所以给生气以正常的康健的表现，也就是培养生气。音乐的表现是最正常的康健的表现，因为它是人类的普遍嗜好，而同时它的命脉在和谐。亚里士多德在《政治学》里谈到古希腊人用一种音乐医精神病。有一种癫狂病，医治的主法是叫病人听一种音乐，听了几回他的情感上的脓包化消了，病就自然好。亚里士多德把音乐的这种功能叫作 katharsis，这字含有“发散”和“净化”两个意义。音乐对于人的情感不仅能“发散”而且能“净化”，就因为它本身是和谐，对于人的心灵自然能产生和谐的影响。我们有听音乐经验的人都知道在凝神静听之后，全

阐释

音乐感人是深入的，人在听音乐的时候，有外在和内在两种乐调在进行，所以才能打动人，引起人的共鸣。

阐释

人的情感是不能压抑的，如果压抑引起了冲突和苦痛，听听音乐不失为一种好的宣泄方式。

举例子

作者以古希腊人用一种音乐医治精神病为例，意在说明音乐具有“表现”的功用，即可用于宣泄人类体内不好的情感。

比喻

作者把心灵经过音乐的净化比作人洗涤身上的污垢，使抽象的过程具体化，生动形象，具体可感。

体筋肉脉搏都经过一番和谐的震荡，心灵仿佛在困倦之后洗过一回澡，汗垢尽去，血液畅通，有心旷神怡之乐。如果我们不仅是欣赏，自己能歌唱弹奏，除了这种生气洋溢的乐趣以外，我们还可以得到人生最大的快慰，成就一种作品的感觉。我们创造了一个可欣赏的世界，替人类开辟了一种愉悦的泉源，意识到这种力量，就如同创世主在第七天的神情。人能多尝这种创造的快感，人生便显得华严，而人的品格也就自然会高贵。

第二是感动。音乐直接打动感官，引起生理的反应，所以感人最普及而深入。这道理在上文已说过。中西神话和历史上都有不少的关于音乐感动力的传说。城市有借音乐造成的，也有借音乐毁倒的；胜仗有用音乐打来的，重围有用音乐解去

的；美人有借音乐取得的，深交有因音乐结成的；名著有从音乐引起思致的，至道有借音乐证成的。瓠巴鼓琴，游鱼出听；据近代生理学家的实验，对牛弹琴，也并非毫无影响。人类情感有许多花样，每种花样在脉搏呼吸和筋肉运动上都有一个特殊的节奏，特殊的模型。音乐的抑扬顿挫，长短急舒，往往与这种节奏和模型相称。某一种乐调在生理上激起某一种节奏和模型，就引起某一种情调。所以在听音乐时，实在有两种乐调在进行。一是外在的，耳朵听的；一是内在的，听者身体在无意中所表演的。人类生理构造大致相同，所以一个乐调可以在无数听者的心弦上引起交感共鸣。音乐是极强烈的同情媒介，也就因为这个缘故。我们如果想尝广大同情的味道，最好在稠人广众中听音乐。乐声作时，全体听众屏息肃然静听，无论尊卑老幼，乐就都乐，哀就都哀，霎时间不独人我之见泯除净尽，即传统习俗所积累成的层层枷锁也一齐丢开，我们在霎时间回到自由的原始人，沉没到浑然一体的大我。音乐使我们畅快，四围许多人都同时在分享我的感觉，意识到这一点，我们更加畅快。这里没有分别界限，没有恩仇迎拒，我们同是一个阳光煦育的兄弟姊妹，我们皆大欢喜。要群众团结一气，最有效的媒介只有音乐。

阐释

作者在这里主要阐明了人类丰富的情感与音乐的抑扬顿挫之间的特殊关系，这也是音乐可以与听众产生共鸣的原因。

阐释

作者在此是想告诉我们如果想体会群体同情的味道，可以在广众中听音乐，因为音乐是极强烈的同情媒介。

第三是感化。感动是暂时的，感化是久远的。音乐由感动至感化，因为它的和谐浸润到整个身心，成为固定的模型(pattern)，习惯成为自然，身心的活动也就处处不违背和谐的原则。内心和谐，则一切不和谐的卑鄙龌龊的念头自无从发生，表现于行为的也自从容中节。中国先儒以礼乐立教，就为明白了这个道理。乐的精神在和谐，礼的精神在秩序，这两者中间，乐更是根本的，因为内和谐外自然有秩序，没有和谐做基础的秩序就成了呆板形式，没有灵魂的躯壳。内心和谐而生

阐释

中国先儒重视乐，是因为认识到了乐可以使人的内心和谐，而内心的和谐，才会使外在生活有秩序的道理。

活有秩序,一个人修养到这个境界,就不会有疵可指了。谈到究竟,德育须从美育上做起。道德必由真性情的流露,美育怡情养性,使性情的和谐流露为行为的端正,是从根本上做起。唯有这种修养的结果,善与美才能一致。明白这个道理,我们就会明白孔子谈政教何以那样重诗乐。诗与乐原来是一回事,一切艺术精神原来也都与诗乐相通。孔子提倡诗乐,犹如近代人提倡美育。他说:"诗可以兴,可以观,可以群,可以怨。"又说:"温柔敦厚,诗教也。"都是看到了诗乐对于情感教育的重要。他不但把诗乐认为教育的基础,而且把它们认为政治的基础,实在政教是不能分离的,世间安有无教之政呢?近代人舍教而言政,只见得他们愚昧。"颜渊问为邦。子曰,乐则韶舞,放郑声,远佞人。"远佞人还在放郑声之次,我们现在只知道厌恶佞人,其实还有比这更重要的事务——音乐教育。音乐教育上了轨道,佞人也许就不会存在,而政治也不会不修明了。

阐释

孔子把诗乐作为教育的基础、政治的基础,是音乐具有"感化"功用的体现。

一个民族的性格常表现于音乐,最显著的是中西音乐的分别。西方音乐偏于阳刚,使听者发扬蹈厉;中国音乐偏于阴柔,使听者沉潜肃穆。这各有所长,我们用不着偏袒。我们所最忧虑的是我国一般民众,尤其是士大夫阶级,大半没有真正的音乐的嗜好。这似乎表现了民族精神的衰落。我个人认为人心的污浊与社会的腐败都种根于此。我每想起柏拉图的教育主张,就深深感觉到我国目前教育须有一个彻底的改革。我们必须普及音乐教育,尤其是要把国乐本身大加一番整理洗刷。这不是宣传可以了事。但是制礼作乐是盛业也是美名,容易被宣传者当作一种口号呐喊了事。这是我草此文时心里所栗栗危惧的。大家须拿出一副极严肃的态度来应付这问题,前途才有希望。

阐释

音乐会影响一个民族的性格,从中西音乐的巨大差别中可以看出中西方文化的差异,以及民族性格的差异。

拓展阅读

名师点拨

时下,中国的视听传媒热衷于举办各种声乐大赛节目如“快乐女声”“中国好声音”等,这些节目受到学生乃至全民的热捧。在朱先生看来,音乐具有原始性与普遍性:飞禽走兽和原始阶段的人类都有本能的音乐嗜好,故易引起交感共鸣。音乐也具有完美性:音乐完全融化实质与形式的分别,内外一致,天衣无缝,它纯从感官打动人心,耳里听到,心里就起哀乐共鸣,能从根本上陶冶人的性格。朱先生说:“如果要教育的力量普及而又深入,舍音乐还有什么其他途径呢?”因此声乐大赛的确具有参与的广泛性和作品的严肃性,在一定程度上能肩负起教育的使命。而且人的情感思想需要发扬和宣泄,人的感官需要打动和满足,人类社会需要秩序与和谐,而声乐大赛恰恰能满足这种需要,“但是制礼作乐是盛业也是美名,须拿出一副极严肃的态度来应付”,故声乐大赛不能哗众取宠,不能唯利是图,尤其不能格调低下,必须培养民族和民众的“真正的音乐的嗜好”以防“民族精神的衰落”,从而达到涤荡人心的污浊遏制社会的腐败之目的。

回味思考

1.音乐有什么功用呢?

2. 音乐的感化功能具体体现在什么地方呢?你能举出几个例子吗?

3.你认为应该如何普及中小学生的音乐教育?结合文本,谈谈你的理解。

好词收藏

肤浅　飞禽走兽　一呼百应　宣泄　对牛弹琴　龌龊

好句积累

◔身心是基本，我们近代人士基本不注意，只在一些肤浅的知识上做功夫，反自以为聪明。

◔飞禽走兽大半都欢喜歌唱，在歌唱中，它们表现生命的富裕和欢乐，同时，它们借歌舞把在生活中所领略得的乐趣传给同类，引起交感共鸣。

◔一个人或一个民族到了不需要艺术的表现时，那只有两种可能：一是生气萎竭，一是生气受不了自然的歪曲，向不正常不健康的路途发泄。

◔如果我们不仅是欣赏，自己能歌唱弹奏，除了这种生气洋溢的乐趣以外，我们还可以得到人生最大的快慰，成就一种作品的感觉。

◔人类情感有许多花样，每种花样在脉搏呼吸和筋肉运动上都有一个特殊的节奏，特殊的模型。音乐的抑扬顿挫，长短急舒，往往与这种节奏和模型相称。

◔音乐使我们畅快，四围许多人都同时在分享我的感觉，意识到这一点，我们更加畅快。

◔西方音乐偏于阳刚，使听者发扬蹈厉；中国音乐偏于阴柔，使听者沉潜肃穆。

学业·职业·事业

名师伴你读

在我们的人生之中面临着很多的抉择，在这人生的十字路口，我们有时也是十分的迷茫，如何正确地去面对这人生的抉择？对于我们学生而言，现在的学业与我们今后要选择职业和做成事业有怎样的关系，我们应如何择学择业，规划人生呢？现在我们就来读一下朱光潜老先生在70年前写下的《学业·职业·事业》，看看他是如何说的。

每个有志气的人，在他的生平都不免为三件事操心。在学校时代，他关心学业；离开学校，他关心职业；有了职业，他关心事业。这自然只是一种粗略的分期，也有许多人始终就专在学业、职业或事业上打计算。总之，这三个名词的意义对于一般人大半不成为问题，不过从逻辑的眼光来分析，我们不能说它是三件互不相同的事。它们的关系还须待确定。

阐释　作者在开头点明学业、职业、事业是有志气的人所关心的人生不同阶段上的三件事情，为下文叙述三者的关系做铺垫。

先说“业”。《说文》所定的这个字的原始意义是钟架上一块木板，与我们所谈的没有多大关系。就“业”字所常用在的语句看（如“进德修业”“业精于勤”“以农为业”“成大业”“创业守成”等），我们可以看出两点：第一是学业、职业和事业都可以叫作业，第二是这个“业”字含有相当指流行语“工作”一词的意义。佛典常用“业”字，和“行”字同义，凡人为造作通可叫作“业”，例如思想、言语、行为，都可是一种“业”，“业”简直就相当于流行语的活动。我们可以说，“业”是人运用他的力量做一种工作或活动；所进行的工作或活动叫作“业”，工作或活动所成就的结果也可以叫作“业”。

依这种解释看，学业就是学问的工作或活动，职业就是职分所在的工作或活动。工作或活动就是“事”，所以“事业”是只有一个意义的复词，学问是一种事业，职业也还是一种事业。如果事业还另有特殊意义，那就只能指工作或活动的成就。依这种意义说，在职业上可以成就事业，在学问上也还可以成就事业。总上两义，学业与事业，职业与事业，在逻辑上都不应分开；我们至多只能说“事业”比“学业”或“职业”含义较广泛，不过这也还有问题。

阐释 作者在这里纠正了读者的一个误区，即学业与事业，职业与事业没有绝对的区别，反而应该将二者统一起来去看待，用联系的观点看待。

问题在学业与职业是否绝对为两回事。一般人说“职业”，似带有一种误解，以为职业是衣食工具，“谋职业”就等于“谋生活”，也就等于“谋衣食”，这里“职业”和“生活”两个词的意义都同样窄狭化得很离奇可笑。在这种用字的习惯上，我们可以见出一般人的生活理想的低落。顾名思义，“职业”显然是职分以内的事业。所谓“职分”是起于社会的分工合作的需要。社会上有许多事要做，一个人不能同时做许多事，于是这个人种田，那一个人经商，另一个人做工匠，如此分工，每个人有一个“职分”，都能各尽“职分”帮助社会大机器的轮子旋转，以一分工作的效益，换取同群许多分工作的效益，“吾尽所能，各取所需”，于是人与社会两得其便。每个人有一个“职分”，对于那“职分”就负有责任，须把那“职分”以内的事做好。对于“职分”不尽责就是不称职。职与责是不能分开的。

下定义 作者在此为“职业”重新下了定义，这就把职业和学业联系了起来，为下文做铺垫。

回到原来的问题，学业与职业是否绝对为两回事呢？从两个观点看，它们也不应分开。

第一，从狭义的学业说，学业是某一种专门学术的研究。

专门的学术研究需要长久的集中的力量。一个人既研究一种专门学术，他就没有时间精力去干别的事。社会需要学术的进展，就需有一部分人以研究学术为“职业”。做学问是学者的职分以内的事，正如种田是农人的职分以内的事，他们的成就都于社会有益，他们都负有责任在自家职分以内求有成就。照这样看，学业还是可以当作一种职业。

第二，就广义的学业说，学业是每一种职业必有的准备。一切工作（尤其是在近代社会分工很严密的工作）都需要学习，每一行都有一套专门学问，所以你如果想把某一种职分以内的事做好，你就必须先把它学好。不但如此，工作本身也就是学习。有些人以为在学校里学得一种学问，学业便可告结束，以后入社会就职业，只需拿这一套法宝作无尽期的应用。这不但是误解学业，也是误解职业。最亲切最实在的学问大半不是从书本得来，而是从实地亲身经验得来的。古人所谓“到处留心皆学问”，就是有鉴于此。同时，到处留心学问的人可以说“学”与“事”相得益彰，不致犯不学无术的毛病，在职业上才能成就真正的事业。一辈子拘守一部讲义的人绝不是一个好教员，一辈子拘守一部步兵操典的人绝不是一个好战士，余可类推。所以要想把一种职业做好，必须把职业当作学业看。

阐释

从这句话可以看出作者并不轻视对书本知识的学习，这样说的目的在于强调在实践中学习的重要性。

依以上的分析，学业、职业和事业应该是三位一体。学业或职业如果不能成为事业，那就空洞无成就。学业和职业如果不能打成一片，学业就只是私人的嗜好，不能成为社会中的一种职分，对社会没有效益，职业也就降为与学问脱节的盲目的衣食营求，干燥无味。

阐释

这里的“打成一片”指的是要将学业和职业紧密结合在一起，这样才能取得学业与事业的双赢。

职业与学业一贯，然后所学即所用，所用即所学，人得其事，事得其人，不过这只是理想，事实上一个人的职业往往和他的学业不很相关。这是由于有些学业不能为谋生之具，一

叙述

说明有些人一边执着于自己的学业，同时为了生活，也需要一份职业。

个人一方面要忠于一种没有经济价值的学问，一方面又要维持生计，于是不得不就一种与自家专门学问无关的职业。最显著的例子是大哲学家斯宾诺莎，他为着要保持学术思想的自由，拒绝当大学教授，宁愿操磨镜片的职业，借以营生。英国文学家兰姆写得那样一笔奇特而隽永的散文，而他的终身职业只是一个公司的书记。波兰小说家康拉德在商船上当过多年的水手。英国诗人蒙罗在伦敦一条小街上经营一个小书店。这种实例在西方很多。这种办法颇有它的长处。不靠所研究的学业来谋生，可以保持学业的独立自由；同时，在本行以外就一种职业，也可以扩大眼界，增加生活经验。在目前中国，一般人囿于浅狭的功利主义，都争去学可以赚钱的学问，而文哲数理一类虽是冷门而却极重要的学问很少有人问津，这对于文化学术的全局是一个危险的现象。有志于纯粹学术的人们最好拿斯宾诺莎、兰姆诸人做榜样，一方面埋头做自己的学问，一方面操一种副业，使生计有着落。这种办法的存在，当然显示社会组织有毛病，在社会组织未完善以前我们只有这个办法可采用。将来社会合理化时，我们希望每一项学术工作者都不感受生活的压迫，每一种学业同时就是一种职业。

举例子

以斯宾诺莎、兰姆、康拉德、蒙罗等人为例佐证学业与职业相冲突时，既可以忠实于学业研究，又可以从事另外一种职业来维持生计。

在另外一种情形之下，学业与职业也不完全相称，这就是通才就专职。政府行政工作本来也还是一种职业，可是一直到现在，各国还很少在学校里设专门学科去训练议员部长以及其他公务员。在从前中国，政府大小职位，上自宰相，下至县丞，大半依科举履历任命，由科举进身者所读的书大半不外经史诗文，而做的职务却可以彼此相差很远。一榜及第的人有典钱谷的，有主试的，有带兵的，有典刑狱的，有掌漕运的。职务和学问似没有显著的关系。这种情形在目前似还没有经过很大的变更，在英国情形也很类似。一个人在牛津或剑桥

读书笔记

毕业了，就可以参加文官考试，及格了，无论所学的是什么，可以被派到任何官厅去服务。如果他想做大一点的官，他可以运动入国会，只要有本领，就不愁没有阁员当。所谓本领也并非专门学术。比如现在首相丘吉尔，做过好久的海军大臣，却没有学过海军，他本来是文人，当过新闻记者。专才学一行才能做一行，通才无须学那一行才能做那一行。医工农商等需要专才，而社会领导工作则需要通才。近代教育似正在徘徊于两种理想之间，一是“职业教育”的理想，一是“自由教育”的理想，学业须包含品格、学识各方面的普遍修养，不能窄狭化到学徒训练。依我个人想，自由教育对于社会领导工作实在比职业教育重要，不过这两种理想也并非绝对不能相容，专门的技术训练和普通的品格学识修养最好是并行不悖。

择学择业对于一个人是极重要的问题。首先要考虑的是个人的资禀与兴趣。我曾观察过许多人所学的和所做的全与他们性不相近。有些学文艺的人对于人生世相看不出丝毫情趣，遇事称斤称两，谈吐干燥无味，他们理应学商业或是法律。有些工程师根本没有科学的头脑，却欢喜作点旧诗，结交大人阔佬，他们理应干政治。如此等类，不胜枚举，性不相近，纵然是努力，也往往劳而无补，对于个人和社会都是精力的浪费。在美国，“职业测验”已成为一种专门学问。一个人对于择学择业如有疑难可以找一个专家用测验来解决。这种测验容或很幼稚肤浅，但是它的原则是不错的。我们希望测验的方法日趋精密，将来一个人在学一门学问或是就一种职业之先，都仔细经过一番测验，免得走错门路。

一个人的性之所近，大半自己明白。有些人明明知道自己的长短而却不根据它来决定志向，这大半误于名利观念。现在学生们都欢喜学工程或经济，以为出路好，容易赚钱。存这

举例子

作者以英国首相丘吉尔为例，意在告诉青年人要多学习本领，职业并非只有一种，同时告诉了我们专才与通才的区别。

阐释

性不相近，纵然努力，也往往劳而无补，对个人和社会都是精力的浪费。

读书笔记

比喻

运用比喻论证形象地阐明一个人注重实利却不关心事业，他的成就如同渔人捕获了鱼却忘记了捕鱼工具一样短见。

阐释

作者在这里是要给青年塑造正确的职业观，即职业与职业之间没有贵贱之分，应平等对待。

对比

作者把误国的领导和尽职的清道夫做对比，意在强调对职业尽责的重要性。在这里作者意在扭转我们颠倒的价值意识。

种心理的人根本不配谈学问，也根本不能做好一行职业，因为他们的兴趣不存学业或职业自身的成就，而在它对于个人所能产生的实利。得鱼忘筌，钱赚到手了，学业和事业有无成就却不必管。这种人的毛病都在短见。“行行出状元”，世间宁有哪一种学问不能学好，或是哪一种职业不能做好？宁有其正在学业和事业上有成就的人会穷得要饿死？如果以为某一行比较走俏时，或比较容易成功，不费多少气力就可以有成就，这也是妄想。世间没有一件有价值的事可以不费力就能学好做好。我们必须谨记着“不问收获，只问耕耘”一句至理名言。下一分功夫，自然有一分成就。世间纵然也偶有不劳而获的事，那是苟且侥幸，除着寄生虫，都不应存苟且侥幸的心理。

此外，我们中国人对于职业向来有一个更错误的观念，以为世间职业有些是天生的高贵，有些是天生的下贱。所以大家都希望做官而不希望做农工兵警。其实职业起于社会的分工合作的需要。社会需要一种职业，那一种职业就对于社会有效益。一个人有无荣誉，不能看他任的什么职业，应该看他在他的职位是否尽责。一个误国的总统或部长实在抵不上一个勤恳尽职的清道夫。我们通常对于“不才而在高位”者的阔绰排场备致欣羡，对于老老实实替社会造福的农民工人反存鄙视。这是一种可耻的价值意识的颠倒。

无论在学业或职业中想成就事业，都需要两种基本德行。第一是“公”。公就是公道公理。一个问题的看法，一个事件的处理，都须依据一个客观的普遍的道理，对自己说得过去，对他人也说得过去，无论谁来看，都会觉得这是最合理的解决，学问也好，事业也好，都要尊重这种公道公理，才不致发生弊端。公的反面是私。世间许多人许多事都败于私心自用。

做学问存私心，便为偏见所蒙蔽，寻不着真理；做事存私心，便不免假公济私，贪污苟且，败坏自己的人格，也败坏社会的利益。其次是“忠”。“忠”是死心塌地爱护自己的职守，不肯放弃它或疏忽它。把学问当作敲门砖，把职业当作营私的门径，就是不忠于所学所职，为着势利的引诱、放弃自己的学业或职业去做别的勾当，其行为也正等于汉奸卖国，都是不忠。忠才能有牺牲的精神，不计私人利害，固守职分所在的岗位，坚持到底，以底于成。忠是基本德行，有了它也就有了两种附带的德行，勤与勇。勤是精进不懈，时时刻刻努力前进，务求把事做好；勇是无畏不屈，遇到任何困难，都必须拼命把它克服。懒怠与怯懦是治学与治事的大忌；它们的病源在缺乏忠诚与忠诚所附带的热情。

阐释

作者在此说明不忠的危害，意在告诉青年忠在成就事业中的重要性。

每个人都是自己的命运的主宰，每个人的江山都依仗自己的奋斗才打得来。这个世界是冷酷无情的，一个人如果想以寄生虫的心习，去侥幸获取只有勤奋的蜂蚁所能获到的花蜜，他终究必归自然淘汰。万一他成功侥幸一时，社会所受的祸害也就很大，一条寄生虫有时可以危害到一个人的性命，凡是关心学业、职业和事业的人，须记起这一番简单的道理。

阐释

这段话不仅从正面论述事业的成就必须通过自己的奋斗才能得来，还从反面论述如果存在不劳而获的侥幸心理，必将被自然淘汰，即使一时成功，也会对社会造成危害。

拓展阅读

名师点拨

学业规划，是大学生通过解决学什么、怎么学、用什么学、什么时候学等问题，来确保自身顺利完成学业，为成功实现就业或开辟事业打好基础。对于各大高校的教育管理者而言，如何指导学生进行科学的、适合自身特点的学业规划设计、管理与监督，成为不得不思考的一个现实问题。朱先生在七十多年前就为青年提供了建议，可供借鉴。

回味思考

1.学业、职业、事业的定义及三者的关系是什么？

2.列举学业与职业相矛盾的情形。

3. 择学择业首先考虑的因素是什么？影响职业选择的因素有哪些？

好词收藏

窄狭　顾名思义　空洞　侥幸　鄙视　怯懦　附带

好句积累

◔ 总上两义，学业与事业，职业与事业，在逻辑上都不应分开；我们至多只能说“事业”比“学业”或“职业”含义较广泛，不过这也还有问题。

◔ 最亲切最实在的学问大半不是从书本得来，而是从实地亲身经验得来的。

◔ 有志于纯粹学术的人们最好拿斯宾诺莎、兰姆诸人做榜样，一方面埋头做自己的学问，一方面操一种副业，使生计有着落。

◔ 有些学文艺的人对于人生世相看不出丝毫情趣，遇事称斤称两，谈吐干燥无味，他们理应学商业或是法律。

阅读练习

知识考题

一、填空题

1.《谈美书简》是中国现代美学家________在________岁时写就的“暮年心血”之作。

2.《谈美书简》是作者对____________________的一次回顾和整理，也是“给来信未复的朋友们”，尤其是青年朋友们的一次回复。

二、选择题

1.关于人的理解，不符合原文意思的一项是(　　)

A. 作为一种动物，人是由单细胞生物发展到类人猿再由类人猿发展到原始人进而发展到文明人的。

B. 人是最难懂的。所以懂得你自己是人类的最高智慧，人类只要能够懂得自己，也就能懂得别人。

C.在进化过程中，人的习性里还保留着一部分兽性，还存在着原始人的一些习性。其中，兽性是心理学家所说的本能。

D.人的生活是从实践到认识再从认识到实践的不断反复流转的发展过程。人在不断地改造自然和社会，同时也不断地改造自己。

2.下列理解和分析，不符合原文意思的一项是(　　)

A. 艺术和美起源于吃饭穿衣等日常生活实践中极平凡卑微的事物，它们的起源并不是抽象概念。

B.儒家说：食、色，性也。在食和色这两大人类本性的具体行为中便蕴藏着艺术的美。

C.原始民族把身体涂得漆黑或绯红，用唱歌、跳舞来吸引情侣，或庆祝狩猎、战争的胜利。原始民族很早就讲究美，从事艺术活动。

D.西方有一句古谚：人有一半是魔鬼，一半是仙子，这证明了人的性格是具有两面性的，不能把人简单分类。

3.根据原文内容，下列理解和分析不正确的一项是（　）

A.人不像木石只有物质，而且还有心灵，所以，一旦人的各种感觉神经受了外界事物的刺激，在脑里就会引起对外界事物的初步感性认识。

B.了解我们的原始祖先，就能更好地了解现代社会中的人，因为古代是家庭、私有制和国家政权的摇篮，而且也是宗教、神话和艺术的发祥地。

C.在《自然辩证法》中，恩格斯论述了劳动在从猿到人转变过程中的作用，谈到了人手的演变、进化的历史，这对研究美学有重要的作用。

D.哲学和心理学把人们认识世界的整个运动分为知(认知)、情(情感)和意(意志)这三种活动，大体上是正确的。

参考答案

一、填空题

1.朱光潜　八十二　2.自己漫长美学生涯和美学思想

二、选择题

1.B　2.D　3.A

读后感

《谈美书简》读后感

寻美，撑一根心篙，向人流深处漫溯、漫溯，去探索并宣告美的真谛。

美是什么，我不知，也未曾有人可以给它下个定义，它看的见，摸得着，但你却道不出，言不明——它为何物。

于是我带着探知的心，翻开了朱光潜老师的《谈美书简》——这部在他82岁所写的着作包含着他许许多多的人生感悟和对美的独特见解，而我也开始了对美细细品读。

朱老先生以十三封回信的形式，展开了对美的见解，或许是我所学的知识太过匮乏，我并没能够全部理解，但有很多让我受益颇深，在这我就只谈谈其中的几封信吧。

前两封简单地介绍了一下如何学美学，而第三章却是谈人，把这一封放在了所有的主题之首，我想这应该也是作者的一个思想吧，无论学习什么都应该先学会做人，其次才是学习其他，如果一个人连做人都不会，那也更不用谈其他了。而单对于美学来说，美是一种价值，而价值属于经济的范畴，无论是使用还是交换，总离不开人这个主体。先有了人，然后才有了美学之说。

人是一个感性的个体，有自己的思想感悟，在我看来虽然美是客观的，但它依然可以说是一个唯心主义的产物，美没有任何要求，美有很多方面，比如作者在文中举的例子在《巴黎圣母院》这部巨作中，雨果便对美字诠释得淋漓尽致，文中那位既聋哑而又奇丑的敲钟人再见到那位能歌善舞的吉卜赛女郎时，结结巴巴地使劲连身叫“美！美、美……”我想这位敲钟人一定没有研究过什么是美，这是他的肺腑之言，对于美的事物表象的赞叹，后来他因为犯了错而遭到毒打，是这位吉卜赛女郎给了他水喝。他依然对着这女郎赞着美、美、美，不过这不再是外表的艳丽之美，而是心灵的美，敲钟人看清了灵魂的丑恶与美丽，所以后来每个紧要关头他都成了这位女郎的救护人，最后他们死在了一块，他们都是美的，敲钟人外表长得奇丑无比，但那美的心灵，粉饰了他并不美丽的面容。所以朱老先生也惊赞“雨果毕竟是一个名不虚传的伟大作家”，他对美的叙述十分到位，现实与想象的结合，让美变得立体，有了人的味道。

图书在版编目（CIP）数据

谈美书简/朱光潜著；李晨森编. --北京：煤炭工业出版社，2019

ISBN 978-7-5020-6705-2

Ⅰ.①谈… Ⅱ.①朱… ②李… Ⅲ.①美学—研究 Ⅳ.①B83

中国版本图书馆 CIP 数据核字(2018)第 294442 号

谈美书简

著　　者 朱光潜
编　　者 李晨森
责任编辑 马明仁
封面设计 宋双成

出版发行 煤炭工业出版社（北京市朝阳区芍药居 35 号　100029）
电　　话 010-84657898（总编室）　010-84657880（读者服务部）
网　　址 www.cciph.com.cn
印　　刷 三河市嘉科万达彩色印刷有限公司
经　　销 全国新华书店

开　　本 710mm×1000mm 1/16　**印张** 12　**字数** 180 千字
版　　次 2019 年 5 月第 1 版　2019 年 5 月第 1 次印刷
社内编号 20181671　**定价** 23.80 元